マルチチャートで
AI的
トレードシステム
を作ろう

"超時短"インジをコピペでシステム化

西村貴郁【著】　岩本祐介【監修】

JN032330

Pan Rolling

目　次

コラム〜プロからのアドバイス〜

はじめに～ご挨拶～

拝啓

家にいる時間も増え、季節を感じるより、スマホやパソコンに触れる機会が増えているのではないかと想像しております。2018年度のメタトレーダー４（MT４）は、一度もアップデートがされなかったと記憶しております。寂しい１年でした。bit数が32から64に上がっただけじゃなく、MT５は、なぜ言語を変えたのでしょうか？　なぜなぜ……。

そろそろ無料という不安定要素を抱えて勉強するより、無駄にならない投資をしませんか？　見たことがない制限されていない世界を説明することは難しいので、実際に皆様に体験していただきたいと思いまして、この手紙をしたためさせていただきました。

その世界の一端を実際に見ていただくためにマルチチャートの30日間無料トライアル中に、インディケータをコピペでトレーディングシステム化していただくこと。

監修者として携わった『iCustom（アイカスタム）で変幻自在のメタトレーダー』と同じように聞こえるかもしれませんが、決定的な違いがございます。それは言語が超絶簡単ということです。拡張性も期待できると思っていただけますと幸いに存じます。ぜひ、その自由度・簡単さを体感してください。

敬具

西村貴郁

序章

マルチチャートと
メタトレーダー

MT4 とマルチチャート

メタトレーダー4（5もあとでまとめて登場）とマルチチャートの比較のお話。まずは誰もがご存じのチャートのお話をさせてください。

1. チャートのあれこれ

例えば、メタトレーダー4（MT4）のチャートの時間軸は9種類の時間足に限定されているのに対して、マルチチャートのチャートの時間軸には制限がありません。

チャートは視覚で見るツールで、投資家にとっては最も重要なツールの一つです。人間の体の部分に例えるなら、目ですね。重要なファクター（要素）の条件としては、自由度を挙げることができます。

つまり、チャートは非常に重要となります。

できる限りなんでもできた方が良いため、制限がないに限ります。

○タイムフレーム（時間軸）について
・MT4：9種類

（1、5、15、30分足、1、4時間足、日足、週足、月足）

・マルチチャート：**制限なし**

1分以下であるTickチャート、秒（10秒など）チャートも表示できますし、3分など、好きな時間軸を簡単に設定表示できます。多くの投資家が見ている15分チャートではなく、1分後の16分チャートはどうなの？ 1分前の14分チャートはどう？と好きなように確認できます。

発注を行うタイミングも秒チャートから見られるので、こだわりたい投資家にとっては、どのタイミングで発注すると有利なポジションをとれるかなど、感覚ではなく視覚で確認することも可能になります。

　投資家で制限が好きという人にあまり会ったことがないので、「自由度が高い」方が良いというお話でした。見る世界が変わると思いますし、見ないと分からないものもたくさんあると思います。

　ですが制限が好きで、見なくても信じられるという方には、全く魅力的ではないお話ですね。なので、自由にやりたい、制限はない方が良いに決まっているという投資家に、この後もお付き合いいただければ幸いです。

　誤解がないようにお伝えしたいことがあります。

　なお私は、MT 4 の関連書籍『iCustom で変幻自在のメタトレーダー』（パンローリング）を企画・監修しておりますので、けっして MT 4 を否定したいわけではありません。この点、ご理解をいただけますと幸いに存じます。ただ、もっと自由度を求めて成長をしたいと思い悩んでいる投資家の方々に、さらに役立てる情報を提供したいと考え、本書を執筆しています。

　投資家の皆様が、この本を通して、フリーダムを考えていただく一助になれば幸いです。

　話を戻します。

　投資家にとってチャートは視覚、目だとお伝えしました。チャートの制限は、見え方に制限が出てくるとお考えいただくとよいかもしれません。例えばあなたの見ている世界が、限定されたものだとしたら。正しい情報を得るために、何らかの苦労は出てくるかもしれません。投資の世界はお金と直結します。ならば、その制限されている世界にお金をかけてもよいのでしょうか。

　与えられた制限を正しいと思えるのは、小学生まで。すみません。サンタクロースを信じるのは、小学生の前半までという話をしています。まだチャートの話しかしていませんが、自由度を求める大人の話をこれからしていきます。

もう一度、話を戻します。といっても、もう少しだけチャートのお話。MT４は日本時間でのチャート表示をデフォルト（最初）からはできません。最初からは‥ということは、できるということなのはお分かりですね。そう。できるか、できないかで言えば「できます」。ですが、そこにはリスクも伴います。

　その詳細は、もう少し後にします。まずはマルチチャートとの比較のお話。

　マルチチャートのチャート時間は、お使いの「パソコンの時間」になります。つまりPCの時間を変えるだけで、チャートの時間を変えることができるのです。具体的にはチャートの時間を東部標準時にしたい場合は、PCの時間を東部標準時に変更することで変更できます。

　どの時間軸のチャートも、簡単に見ることができます。ここにも自由度が存在します。

　マルチチャートでは自分で簡単にできることが、MT４では顔も知らない他人の作ったインディケータをダウンロードして適用することでやっと可能になります。もちろん、プログラムが記述できるなら、自分でできます。がやはり、PC の時間を変更するだけなのは圧倒的にラクですよね。

　制限がある世界からフリーダムへ。

　まだチャートだけのお話ですが、されどチャートです。

２．保証しているインディケータ

　保証されているもの。安全安心（オフィシャル）も大切というお話。

　これは多少の誤解を招くかもしれませんが、現在、MT４にあらかじめ内蔵されているインディケータは、約30種類。対してマルチチャートのインディケータは、約300種類。

　オフィシャルの種類は、これだけの違いがあります。

　もちろんネットの世界には、MT４のインディケータは無数にあり

ます。ただし、これらを信用して使用するかは投資家の皆様次第。私としては、ここに答えを提示することを控えたいと思いますが、無料で使えるものにはそれなりのリスクがあると考えて利用すべきかと思います。すみません。当たり前のお話ですね。

　投資家は、「学ぶべき生き物」だと私は思っています。保証されている範囲（オフィシャルなインディケータ）が多い方が、学んでいく際にも信頼できる教科書が多く、将来性を考えても有用でしょう。

　パラメータのカスタマイズの方法に関しては、MT4とマルチチャートに著しくどちらがということはなく、非常に簡単に変更することができます。

　結論。オフィシャルなインディケータの種類の違いは、安心して使える違いであり、プログラムなどを学ぼうと考えている投資家の皆様にしても参考となる安心安全のサンプル数が多いことを意味します。

　ここでいったん、チャートとインディケータの話をまとめます。
・世界には制限がない方が良い
・世界は安心安全が良い

　見ている世界に制限があることの意味やお金について考える際に、安心安全な世界を真剣に考えるきっかけになってほしいと願っています。

3．制限から次のステップ

　読み飛ばしても問題ありません。
「フリーダム！」
　突然、すみません……。
　金融市場では、投資家の皆様が全員勝てるわけではありません。投資の市場は勝ち負けがはっきりしています。人生のようなめんどくさ

い話はなく、とても分かりやすい場所です。

　もう一度だけ言わせてください。

　「制限のある世界に生きたいですか？」

　ぜひ、そこから脱却してください。

　この本を読んでいる方々は、いずれ私の敵になるでしょう。なぜなら、私は現役トレーダーだからです。

　さて、このフリは多いかもですが、話をもとに戻しましょう。

　勝つためには、オリジナリティーが必要です。15分足もいいですが、そこにオリジナリティーはありますか？　誤解しないでください。知識の話ではありません。ここで私が伝えたいのは、あくまで制限がない自由な世界。つまり「あなた次第」という話です。

4．無料と有料のお話

・MT４：無料

・マルチチャート：サブスク３か月３万円。買い切りの生涯版は15万円（アップデートは無料）

　「無料で制限あり」と「有料で無制限」うーん、難しい選択だと思います。

　やはり有料には抵抗感がありますか？　では、アマゾンプライムはどうですか？

　無料サービスには制限がありますが、有料には制限がありません。かつ安心安全の範囲が広い。これは勝ち負けにかかわると思いますか？　有料より、無料が良いってどういうこと？

　うーん、無料について話をすると少し話がそれますし（言っていいのかな…？）　皆様もある程度、理解していると思います。本当に便利なものや有益なものが無料で提供されるということはありませんね。やはり話がそれてしまうので、これくらいで。

　無料だからチャートに制限があっても仕方ないと思えるし、システ

ムトレードのツールとしてイメージしたいという場合には、無料だから有用だと素直に思いますね。制限がある無料のツールということを理解していて、いろいろな事情を前提に考えている投資家の皆様にとっては、イメージを作りたい、こういう世界もあるんだという入り口としては良いのではないかと思っています。

　よく、「有料チャートよりＭＴ４のチャートは無料で使えるので最強」というコメントを耳にしますが、（最強かどうかはさておき）制限があるものを勧める場合は汎用性の話もしてほしいかなとは思っちゃいますね。それで十分っていう「限定的に最強」って話だと思いますね。

　無料は、制限のある世界。フリーダムになるために投資で真剣に勝負をするなら、時間的効率も加味して比較することが大事ではというお話です。

　「じゃあ、その有料のツールをお前の本を読んだだけで、モトをとれるほど使いこなせるようになるのか？」当然の疑問です。いきなりの有料は不安ですよね。マルチチャートは30日間無料で利用できます。そこで、その無料期間中に、明確な目標を２つ掲げます。

１）制限のないチャートに安心安全のインディケータを適用して、新しい世界を見ていただくこと
２）そのインディケータをトレーディングシステムにすること

　トレーディングシステムにすることで、バックテストができるようになります。売買のタイミング（売り買いの場所）をチャート上の矢印で視覚で確認できるようになるのです。しかし大切なのは再現性。本書を読まれる方にはプログラムに慣れていない方も多いと思います。
　「プログラムの知識は最小限に」
　そう。目指すのは、誰でもできる・コピペでできる。しかも簡潔な

手順。作ったシステムを拡張するためには、プログラムの知識は必要ですが、インディケータのトレーディングシステム化にはプログラムの知識はほぼ不要です。皆様がイメージするよりもはるかに簡単だと思います。だから安心して、30日間無料期間中に試していただくことができます。

5．使用容量

　「bit」は、データを扱うときの最小単位です。bit数が大きいほどPCが情報を一度に処理できます。
・MT4のbit数：32bit版のみ
・マルチチャート：32bit版、64bit版のどちらもあり

　処理能力の違いなど、メモリの容量の壁についてお話をするのが正確だと思いますが、bitなどの話の代わりに私の実体験をお伝えさせていただきます。

　経験則としては、20通貨ペア程度表示すると処理は遅くなり、フリーズすることもあります。チャートを複数利用する場合で、インディケータを適用していれば、処理が遅くなる面は否めません。

　PCのスペックが低いのでは？という声が聞こえてきそうですが、それは本末転倒で、高スペックのPCを数十万で買う投資家がトレードにおいて無料のメタトレーダーにこだわるとは思えません。これ、偏見でしょうか。

　アップデートについては終了している状態。これ以上は成長しないソフトという意味です。まあ、正確な表現だと随時更新はされていない、が誤解のない表現ではあると思います。

　MT4は取引対象がFX専用。今は64bit版のアプリケーションが主流なので、メモリの有効活用などの話は割愛させていただきます。

　個人的には32bit版のPCも未だに使っているので、32bit版の良さも

分かっていますが、わざわざ上限処理能力が低い32bitを利用する必要はなく、64bit版のPCで64bit版のアプリケーションを利用してくださいというお話です。

　マルチチャートは、32bit版、64bit版のいずれも用意されています。32bit版はメモリの問題もありますが、一般論で語るなら64bit版の方が処理能力は高く、処理が早いです。アップデートについては、随時更新されています。

　取引対象はFXのみならず、株式、先物、債券、オプション、CFDなど、その証券会社が取り扱っている商品は基本的に売買が可能となります。マルチチャートというプラットフォームの理論値の話をするのであれば、取引対象も無制限。

　ここでMT5の話を持ち出すのも唐突ですが、マルチチャートのプログラムの言語は、メタトレーダーシリーズと違ってプログラム言語の種類が変更されたりもしません。MT5を上位互換と言ってよいかは不明ですが、2012年にリリースされた時は機能的にも劣っていたのですが、現在は機能面も改善され処理能力も上がっているので、プラットフォームの性能を比較しただけでは上位互換と言ってもよいかもしれません。

　と、そんな話ではなく、いろいろ改善されたのは素晴らしいことですが、プログラム言語が変わったことによって、MT4用にせっかく有料で買ってそれまで使っていたインディケータなどが使えないということが起こります。無料版を使っているさがですよね。

　マルチチャートではそもそもそのようなことが起きません。言語も変わりませんし、高速化にもアップデートでしっかり対応しています。

　マルチチャートは金融機関が制限しているもの以外は、無制限の世界を同じ環境で提供しているのです。

6．形式的なお話

・MT4：ロシア製

・マルチチャート：アメリカ製

　ここでは、事実ベースのお話をしていると思って聞いていただければ幸いです。形式的に比較をしてみます。

	MT4	MT5	MC
インディケータ	約30種類	約38種類	約300種類
チャートの時間軸	9	21	制限なし
使用容量	32bit版	64bit版	32bit版、64bit版
取引対象	FX専用	株式、先物、債券、FX、オプション	FX、株式、先物、債券、オプション、CFDなど
アップデート	ほぼ完了	随時更新	随時更新
プログラムの言語	C言語ベース	C++言語ベース	BASIC言語ベース
使用料	無料	無料	有料

　補足として。使用容量は、処理の速度に影響します。メモリと関係しますが、64bitの方が処理能力は高いでしょう。また、圧倒的に簡単なのは、BASICなのも確かです。

　つまり、時間軸に制限がなく、オフィシャルな安心安全のインディケータも300種類と多数内蔵されて、それらのインディケータをベースにコピペでトレーディングシステム化を実現可能にする。

　環境面にも制限がなく、FX以外も取引可能。おまけにプログラムの言語は圧倒的に簡単。なのがマルチチャート。

　そして、無料には制限があるということ。

　急に説得感が増してます？　制限の中で生き残ることを考えるよりも、より良い環境を目指すのはいかがでしょうか。急に投げかけ？

　MT４のメリットってなんでしょうか？　急に質問？

　少なからず、私自身の企画・監修したメタトレーダーの本を擁護して良いなら、そこには一定の自由度があります。先の『iCustomで〜』は、コピペでインディケータからトレーディングシステムが作れるという自由度です。と同時に、トレーディングシステムはそんなに難しくなく、作るだけなら作れるということです。

　時代っていうと大げさかもしれませんが、スマートフォンを持っている生活が当たり前になったように、投資の世界も同じように激変しているということを当時感じていただきたいという思いがありました。トレーディングシステムが作れれば、バックテストというものができて、客観的にトレードを考えることができるということの提示。ここで急に自分擁護……。MT４に限らず、MT５も含めて、否定しているわけではありません。

　ただ、自由度のより高いマルチチャートについて説明するために、仕方なく比較としてMT４・５を出しているだけですので。押しつけもひどい……。

　では、本書の目的である「プログラムとトレーディングシステムの話」に、少しずつ移らせていただきます。急にかしこまる！

7．プログラムとトレーディングシステムを簡単に

　プログラムを習得する難易度をイメージしていただくために、英検に例えたいと思います。プログラミング言語を外国語テストで例えるのもどうかと思いますが、学生時代に受けた方も多いのではないでしょうか。

・ＭＴ４のＣ言語ベース：英検準1級
・ＭＴ５のＣ++言語ベース：英検1級
・マルチチャートのＢＡＳＩＣ（ベーシック）言語ベース：英検５級

　どうですか？　「そんなに違うの？」と驚かれたのではないでしょうか？　ＢＡＳＩＣは、他の言語に比べて圧倒的に簡単なんです。

　簡単なら、簡単なものしかできないんだろ、と思ったそこのお客様。

　不正解！

　実は、どの言語で書いてもでき上がるものに差はないのです。ならば、簡単な言語の方がいいに決まってますよね。

簡単な言語でもでき上がるものは同じ！

　そして、システムを構築する際、難しい言語の方がたくさんのことを記述しなくてはいけないのです。例えば、単純移動平均のシステムを作成する場合、マルチチャートよりもメタトレーダーで作成する方が10倍以上多くのことを記述することになります。誤解を恐れずざっくりイメージでお伝えするなら、マルチチャートで２行の記述ですむところを、メタトレーダーでは50行程度の記述が必要となります。

マルチチャートの言語は簡単かつ記述も少なくてすむ。

　言語に関して言えば、難しいし、たくさん書かなくてはいけないし。っていうのが、メタトレーダーです。いいところなしです。

無料プラットフォームのメタトレーダーは難しい言語。

　プログラムと聞くと「書く」ことに注目されがちですが、プログラムを「読む」ことも非常に重要です。インディケータをカスタマイズする、コピペでトレーディングシステムを作る場合、書く能力より読む能力の方が重要です。

読む能力が重要。

　次にプログラムは難しいほど優れているように思われがちですが、難しいだけ損です。難しくても簡単でもできあがるもの（トレーディ

ングシステム）は同じですから、簡単な言語の方が良いに決まってますし、長く書く分、ミスもでるので簡単に短く書けるほうが良いです。

　実際にあとで見ていただきますが、結論としては、本書の目的であるコピペで内蔵されているインディケータをトレーディングシステム化する場合、プログラム言語の優位性はありません。

　繰り返しになりますが、メタトレーダーは無料だから難しい言語で長々書かないといけないんだと思っていただいて構いません。それに対して、マルチチャートは簡単な言語で短く書けるわけです。かつ、簡単な言語のため、読む能力も高度な知識を必要としなくてすみます。

　改めてマルチチャートのBASIC言語ベースは、英検5級レベルというところに少し触れたいと思います。まず「英語能力」でいえば英検5級（中学初級程度）もいりません。5級はあくまでイメージです。ちなみに英検は5級からなので、一番簡単なレベルという意味です。

　使うのは、英語能力ではなく、投資用語の組み合わせです。詳細は追って解説しますが、参考までに。

　　新規に買い建て：buy
　　新規の売り建て：sellshort
　　買い建ての決済：sell
　　売り建ての決済：buytocover

　マルチチャートのプログラム言語は他の言語と比較して簡単です。でき上がるものが同じで簡単ということは、読むのも簡単ということ。簡単に読めるのならば、自由にカスタマイズできる。そして、読めたら書くこともスムーズにできるのです。

　特にメタトレーダーで挫折した人なら大丈夫！　挫折したということは、トライしたから挫折したってことだと思います。ならば、マル

チチャートのBASIC（ベーシック）がメタトレーダーの言語よりどれだけ簡単かを体感できるはずです。

　さて、ここで疑問が浮かびませんか。

　なぜメタトレーダーの言語をマルチチャートのようにBASIC（ベーシック）にしなかったのか？

　プラットフォームは無料なのに、なぜ簡単な言語でなく、難しい言語にしたのか？

　鋭い質問ですね。これ以上はやめておきましょう。無料だから仕方がない。ということにしませんか？　うーん、これだけは器が小さいと言われても言いたい。

　インディケータが自分で作れるようになると、ビジネスが……。

　そういう人たちに疎まれるのは仕方ないとして、この本を読んでいる投資家の皆様には、私を嫌いにならないでほしいと心の底から思っております。

無料と有料のお話になりますが──
無料だから難しい言語になっている。
有料だから簡単な言語になっている。
それも少しの差ではなく、大差となっています。

8．まとめから知ってほしい将来性
①チャートについて
　メタトレーダー制限あり。マルチチャート制限なし。
②オフィシャルな安心安全のインディケータの種類
　メタトレーダー30種類程度。マルチチャートは300種類程度。

③**処理の速さ**

　MT４は32bit。マルチチャートは64bit。

④**アップデート**

　MT４はなしと言って良いレベル。マルチチャートは随時更新。

⑤**取引対象**

　MT４はFX専用。マルチチャートは、FX、株式、先物、債券、オプション、CFDなどなど。

⑥**プログラム言語**

　メタトレーダーのプログラムは超絶難しい。マルチチャートは超絶簡単。

　ネットでググる、ヤフると違う着眼点でいろいろな比較サイトがあると思いますが、どちらも長年使っている投資家の私としては、このようなまとめになります。

　私の話を信じる必要はないので、皆様の手で？　目で？　マルチチャートの30日間無料トライアルを試して、この本のまずは目標であるインディケータをコピペでトレーディングシステム化して、バックテストができることなどを実感してください。

　プログラミングは難しいとこれまで挑戦しながらも残念ながら挫折してしまった経験のある方に、ぜひ実際に体験していただければと思っております。

第 1 章

はじめに
セットアップ（準備）

マルチチャートのセットアップ

マルチチャートのダウンロード

　2021年8月現在、マルチチャートを扱っている日本の証券会社は、サクソバンク証券、IB証券などがあります。

　本書ではトライアル版＋デモ口座でのチャレンジ方法をご紹介します。30日間利用できますので、この期間でじっくり試してください。なお、ここで紹介するインストール方法は2021年8月現在のダウンロード方法です。今後、マルチチャート社の仕様や登録方法が変わる可能性もありますのでご留意ください。

○Windows（x86、x64）版
　パンローリングのHP内のマルチチャート特設サイトにある「研究発表」ページの下にリンクされている【マルチチャート 30日間トライアル版】からダウンロードできます。

・マルチチャート特設サイト
http://www.panrolling.com/seminar/multicharts/

※注意点※

　マルチチャート社のシステムアップデートにより、30日間のトライアル利用後は解約手続きをしない限り、3か月間の自動更新になります。そこでトライアル注文時に、クレジットカードのご登録が必須となりました。まずはトライアルだけという方は、解約方法は同じページに記載されていますので、忘れずにあらかじめご確認ください。

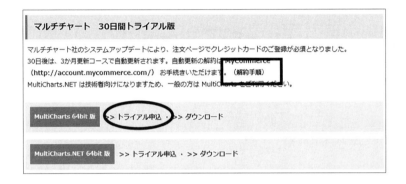

○注文方法

1）トライアル申込み

必要事項を入力

２）トライアルの使用許諾に☑を入れて「今すぐ購入」をクリック

３）ご注文完了メールに記載されたLoginIDとPasswordを確認

４）マルチチャートをダウンロード

パンローリングのサイトから「ダウンロードをクリック」

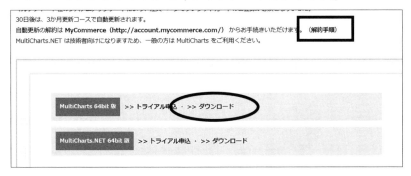

○インストール手順

１）ダウンロード後に「Install」をクリック

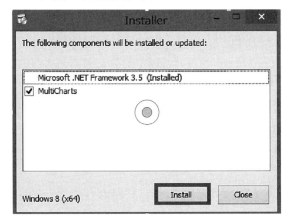

2）「Next」をクリック

3）使用許諾所に同意にチェックして「Next」

下部の「I accept the terms in the License Agreement」にチェック
マークを入れ、「Next」をクリックして進んでください。

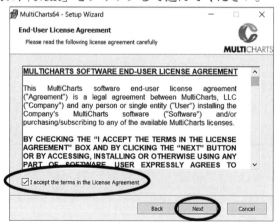

4）インストール場所を確認して「Next（次へ）」をクリック（ここ
ではCドライブに保存

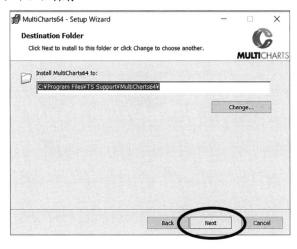

5）インストール開始

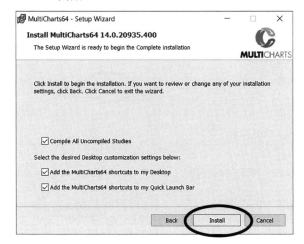

6) インストール中

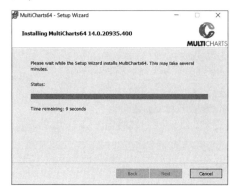

7) セットアップ完了

8) パソコンを再起動

再起動の案内です。「Yes」として再起動します。

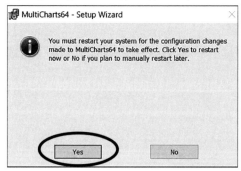

9）アイコンの確認

インストールされるとデスクトップ上に5つのアイコンが作成されます。主に使う枠で囲んであるアプリケーションの役割を簡単にご紹介します。

○使うアプリケーション

　下記が本書で登場するアプリケーションです。ここでは簡単な概要をご紹介します。

・MultiCharts（マルチチャート）

チャートの表示、バックテスト、自動売買の管理などトレードの管理を行う。

・PowerLanguage（パワーランゲージ）

ストラテジー（戦略）やインディケータなどのプログラムの管理を行う。

・QuoteManager（クォートマネジャー）

銘柄の登録、取引時間の設定などデータの管理を行う。

　なお、「Optimization Results」と「Portfolio Trader」については本書では活用しないので、割愛させていただきます。

データフィードの設定について

　価格（データ）をチャート表示するためには事前設定をする必要があります。マルチチャートを取り扱っている日本の証券会社はサクソバンク証券やIB証券などがありますが、**データの読込みは証券会社により異なります。**先の二つの証券会社の設定は、22ページで紹介した**マルチチャートサイト内「操作マニュアル」の中にある「データフィード設定」で紹介していますので、そちらを参考にしてください。**

　なお、どちらにも口座をお持ちではない方は、サクソバンク証券のSIM＝シミュレーション（デモ）口座開設もあわせて行ってください。

　サクソバンク証券を使う理由は、デモ口座であればすぐに開設できるからです。本書は、マルチチャート30日間のトライアル利用が前提となりますので、デモ口座の素早い開設は必須になります。

外部データの取り込み

１）ダウンロードファイルの準備

米国株などのデータはリアル口座をお持ちでないと取得できません（2021年8月現在）ので、本書で扱うデータを用意しました。ダウンロードしてあらかじめ読み込んでおいてください。データは、下記本書紹介ページ内の「ダウンロード案内」からダウンロードしてください。

　任意の場所にダウンロードデータを保存します。本書では、デスクトップに「mc_data」というフォルダー名の中にまとめました。

・特典データダウンロード（本書紹介ページ）

http://www.panrolling.com/books/gr/gr166.html

2）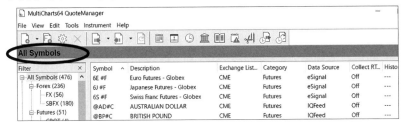「QuoteManager（クォートマネジャー）」の立ち上げ

商品一覧の画面が立ち上がります。下記は「All Symbols」のリストが表示されています。

3）ダウンロードデータの取り込み

「File」→「Map ASCII...」を選択

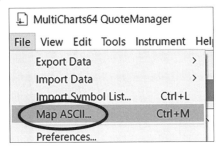

4）ダウンロードファイルを選択して「OK」

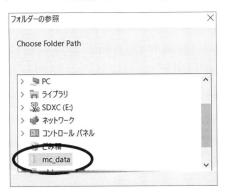

5）「Category」、「Exchange」、「TimeZone]を選択してOK

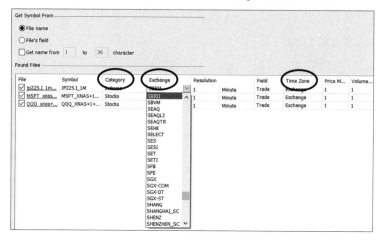

　ダウンロードデータはそれぞれ下記で設定してください。なお、リアルデータでも外部データでも同じです。

☐ QQQ と MSFT

- ・Category・・・「stocks」
- ・Exchange・・・「Nasdaq」
- ・TimeZone・・・「Exchange」

☐ CFD JP225

- ・Category・・・「spread」
- ・Exchange・・・「SGX-DT」
- ・TimeZone・・・「Exchange」
   ※ Exchange はマーケットの時間に自動で変更されます。

　クォートマネジャーの設定が完了しました。

チャートを表示してみよう

　では、ドル円チャートを表示してみましょう。

1）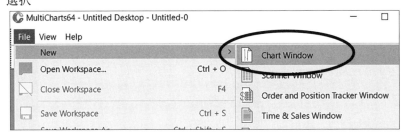 マルチチャートを立ち上げ、「New」→「ChartWindow」を選択

2）「Instrument」タブでデータ元を選択

本書ではサクソバンク証券の SIM（デモ）口座の使用が前提なので、「Saxo Group」を選択します。

３）「Instrument」欄に直接入力するか通貨ペア一覧から選択

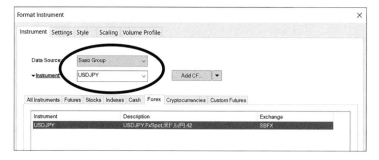

４）リアルタイムデータの取得のため証券会社にログイン

User ID と Password を入力して「Log In」

５）サクソバンクの SIM 口座にログイン中

6）チャート表示

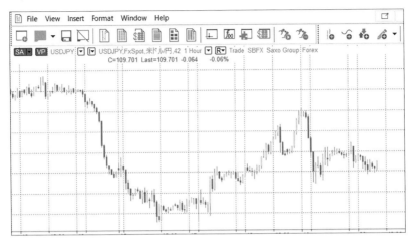

インディケータの簡単表示

まずは、簡単なインディケータの表示方法をご紹介します。

マルチチャートは操作性も抜群です。ここでは例として、ドル円チャートに単純移動平均線を引いてみましょう。

1）USDJPY チャートを表示
2）画面上部のツールバーにある○で囲んだマークをクリック

3）「Insert Study」ウィンドウが表示され、「Indicator」タブにあらかじめ搭載されているインディケータのリストが表示される

単純移動平均線は Moving Average といいますので、該当ワードを探します。移動平均線だけでも 10 種類あります。ここでは例とし

て、単純移動平均線を1本「MovAvg 1Line」チャートに表示してみ
ましょう。

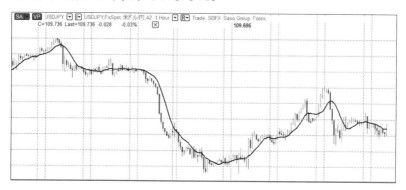

移動平均線が1本表示されました。

　なお、チャートの時間軸を変更したい場合は、表示されている時間
軸の下三角マークをクリックすると大まかな設定が出てきます。ここ
に表示されていない時間軸の変更も可能です。

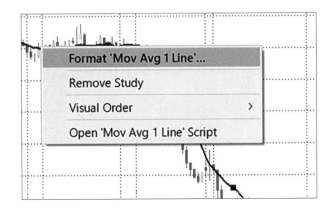

米ドル/円 .42 1 Hour ▼ ▼ Trade SBFX Saxo Group Forex								
0.02%	Recent ↻							
1 Second	Tick	100	200	300	500	1K		
100 Tick Bars	Contract	1K	5K	10K	25K	50K	100K	
1 Day	Change	1	2	3	5	10	15	30	60
1 Minute	Second	1	2	3	5	10	15	30	60
5 Minutes	Minute	1	2	3	5	10	15	30	60
15 Minutes	Hour	1	2	3	4	6	12	24
4 Hours	Day	1	2	3	7	14	28	30
5 Days	Week	1	2	3	4	5	10	12	52
1 Hour	Month	1	2	3	4	6	12
	Year	1	2	3	4	5	10

　また、表示されているインディケータのパラメータや線のスタイル
などを変更するには手順3でインディケータを選択する際に、一番下
にある□Formatにチェックを入れるとフォーマット設定（Format
Study）画面が表示されます。

　インディケータを表示したあとならば、画面上でインディケータを
選択した状態で、右クリックして表示するインディケータ名（例では
「Format Mov Avg 1Line...」）をクリックします。

Format 'Mov Avg 1 Line'...
Remove Study
Visual Order　　　　　　　　　　　　>
Open 'Mov Avg 1 Line' Script

　「Format Study」画面の「Inputs」タブでは移動平均の期間や価

格を、「Style」タブでは表示する色を変更できます。

　「Mov Ave 1Line」の期間のデフォルトは９日間ですが、その欄にお好きな期間（数字）を上書きすれば変更できます。

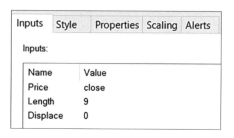

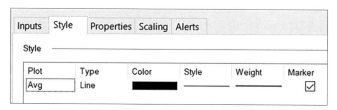

　なお、「Mov Avg 3Lines」で移動平均線を３本表示させた場合も、パラメータなどの仕様変更方法は同じです。

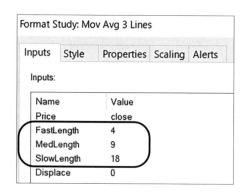

プログラミングの扉を開く前に……

　本書が目指すべき目標は二つ。

　一つめは、プログラムの知識ほぼゼロでもコピペでシステム構築ができるようになること。そして二つめは、最低限必要なプログラム知識で皆さんなりの独自のシステムが構築できること。この二つを目指します。

　そこで、プログラムなんて絶対無理！という初めての方に、少しでもイメージができるように、基礎の基礎についてざっくりお話させてください。

〇プログラミングって簡単？　何をすればいいの？

　プログラミングのお話をする前に、どうしても知っていただきたいことがあります。言語、つまりプログラムで使用する言語のことです。会話における言語には、英語、中国語、スペイン語、ドイツ語、フランス語、日本語などなど、たくさんの種類がありますよね。プログラミングするための言語にもたくさんの種類があるんです。

　ここでプログラム言語を列挙してしまいますと、そっと本書を閉じてしまうことになりかねません。ただ、これだけは聞いてください。これから皆さんにご紹介する投資のプログラム言語は、超絶簡単なプログラム言語なんです。

　投資のプログラム言語で世界で一番簡単かと聞かれれば、「YES」と答えてもいいと思いますが、1位か2位なのは確実です。つまり、難しい言語ではないということです。

　会話の言語でどれが一番簡単かは答えることができませんが、こと投資の世界のプログラムと言えば、私にお任せください。世に出ているメジャーなものから比較的マニアックなものまで、これまで使って

きましたので。プログラムに使う言語は超絶簡単と断言できます。

その超絶簡単なプログラム言語で、プログラミングをします。

プログラミングとは、プログラム言語を使ってコンピュータに指示を出すことです。会話の言語にルール（文法など）があるようにプログラミングにもルールがあります。そのルールに従って、プログラミングをしていきます。

「英会話みたいなもの？」基本、YES です。イメージは英会話でよいと思います。プログラムの記述は英単語の組み合わせになりますが、英会話より簡単です。

「やっぱり、そうでしょ。英語自体が難しいじゃないか」

ごもっともです。ですが、高い英語能力が必要ということではないのです。むしろ必要なのは、投資の知識。そして、ルールを知れば恐れるに足らずです。

本書では、最も簡単に記述できる投資のプログラム言語によるプログラミングを、できる限り分かりやすく解説していきます。皆さんにおかれましては、ぜひチャレンジしていただければと思います。

○マルチチャートのプログラム言語

本書でご紹介するプログラム言語には開発元のマルチチャート社（旧 TS suport 社）により「Power Language（パワーランゲージ）」という名前がつけられていますが、プログラムの種類としては BASIC ベースの言語になります。

パワーランゲージで記述することで、マルチチャートで皆さん独自のオリジナルアイデアなどを実行することができるようになります。このパワーランゲージ、MT4 で使用されるプログラム言語の MQL4（Meta Quotes Language 4）と比較しても記述するボリュームが少なく、日常会話レベルの英単語の組み合わせなので、難しくありません。

プログラムを記述する場所を「エディタ」と言います。白紙のワー

ドみたいなものです。このエディタにプログラミングすることで、チャート上に売買サインを表示させたり、オリジナルの売買システムを構築したりすることができるようになります。もちろん具体的な記述方法については、あとでしっかり解説しますので安心して楽しみにしていてください。

　さて、プログラミングは簡単かという質問には、言語の種類によるというのが結論ですが、本書でご紹介するのは投資のプログラム言語のなかで超絶簡単だということは断言できますので、これ以上簡単なものはないというのが結論になります。

○コピペするだけでいいの？

　マルチチャート上のストラテジー、インディケータ、ファンクション（関数）を自由に動かすための言語がパワーランゲージ。指示書を書く場所がエディタ。ん？　ストラテジーとなんだって……。

　すみません、いったん忘れてください。

　プログラミングではよく、コンパイルという言葉を聞きませんか？

　コンパイルとは、プログラミング言語で書かれたソースコードを、コンピュータ上で実行できるように変換する作業のことです。実際に後で作業しますので、ここでは、プログラムを書いてそれらを実行するためには変換という作業がある、ということだけなんとなく覚えておいていただければと思います。もちろん忘れちゃっても大丈夫です。

　そして、システムトレードでよく聞くのがストラテジーでしょうか。トレード結果を大きく左右する売買戦略のことですね。その売買戦略を立てるためによく使われるのが各種インディケータ。マルチチャートならインディケータの種類もストラテジーも数多く標準搭載されていますので、初心者の方でも十分に活用することができます。マルチチャートでは「Signal」でくくられていますが、こちらがストラテジーのことです。

パワーランゲージエディタを開いてみると、ファンクション、インディケータ、ストラテジー（Signal）のリストが一覧で表示されます。そちらを見る限り、2021年8月現在、Signalは148も搭載されています。それらをコピー＆ペーストして活用していけるのです。

```
Open
Study Type
  □ Function 684 (684)      □ Signal 148 (136)
  ☑ Indicator 349 (346)
```

同じインディケータを使っていても、皆さん独自の活用方法があるかと思います。また戦略にもよりますが、一つの戦略が未来永劫全くチューンアップせずに使える可能性は低いでしょう。実際のトレードに落とし込む前に、新たな戦略を検証して、いまの相場のなかで皆さんの環境に合った戦略を見つけていければ、それだけ勝率を上げることができるかもしれません。

そのためには、マルチチャートに搭載されている多種多様なストラテジーを活用して、簡単に検証できれば時間短縮になるのではないでしょうか。特に兼業投資家の方には、時間効率は大切です。

本書で記した内容以外でも、ご自身でなるべくいろいろと試して活用してみてください。なお、パンローリングの動画サイト「パンローリングチャンネル」では、私のパートナーであり本書の監修者である岩本祐介によるマルチチャートを有効に使うための無料解説動画を配信しています。本書を読まれた方は岩本の解説動画をより深く理解いただけると思いますので、ぜひこちらもあわせてご覧ください。

http://www.panrolling.com/seminar/multicharts/study/
無料メルマガも配信中です。上記アドレスからぜひ申込みください。

さて少しでもイメージできたでしょうか。基礎の基礎のお話でした。では、プログラムの世界に足を踏み入れましょう！

第2章 投資プログラミングの基礎知識

搭載インディケータの活用

　マルチチャートには、300種類以上のインディケータ（テクニカル分析指標）があらかじめ内蔵されていることはお伝えしました。ここではそれらを使って、パラメータの変更だけでなく簡単なプログラムを書いて、自分好みのストラテジー構築をする方法をざっくりご紹介します。

　マルチチャートに内蔵されている安心安全のインディケータやストラテジー（売買戦略）は、すべて**PowerLanguage**（パワーランゲージ）というプログラム言語で構築されていることはお話しましたね。

　PowerLanguageという名前はマルチチャート社が名付けたもので、プログラムの種類としては、**BASIC**に分類されます。BASICとは、Beginner's All-purpose Symbolic Instruction Codeの略で**「初心者向け汎用記号命令コード」**という意味になります。文字通りに初心者向けですから、他のプログラム言語に比べますととても簡単。日常会話の英単語の組み合わせでできるので、もちろんMQLよりも簡単です。

　この段階でプログラムと聞いてしまうと「難しそう…」と感じる方も多くいらっしゃると思いますが、プログラムを書く知識はほぼ必要ありません！　それよりも、プログラムを読む知識の方がむしろ重要です。ん？　ここで疑問。

　「書けないのに読めるのか？」読めます！　檸檬（れもん）という漢字は書けなくても読めますよね。檸檬がレモンだとイメージできればその文章を読み進めることができます。プログラムも同様に書けなくても読めることで、どこをコピペすればよいかを理解することができます。

　また、読む知識と言ってもプログラム言語を理解して解読する必要はなく、例えば、ボリンジャーバンドなどがどういう指標であるかを知っていること。そういう投資の知識の方が必要だということです。

ボリンジャーバンドを英語のスペルでは書けないけど単語としては読めて、ボリンジャーバンドを構成している要素が移動平均線と標準偏差からなっていると知っていることが重要というお話です。

　すなわち、プログラムを読む知識が必要とは、投資の知識があれば大丈夫ということ。投資のプログラムは、たとえ長々と記述されていても、利用する箇所は1行だったりします。その1行を理解するためにはプログラムの知識というより投資の知識が必要となります。

　「いやいや。1行って言うけどすごく長いんでしょ？」

　長くありません。あとで具体的に見ていただきますのでご安心を。

　そのたった1行を把握することで、インディケータを自由自在にカスタマイズできるのです。また同じ1行を利用して、コピペでトレーディングシステム（自動売買用のプログラム化）を作ることができます。プログラムのすべての意味が分からなくても、少しの見方、使い方のコツを覚えるだけで、驚くほど簡単にできることをご紹介いたします。

　もちろん、プログラムをイチから学ぶという王道もありますが、内蔵されている安心安全のインディケータをカスタマイズしながら学んでいく実践的な道がおすすめです。そんなことがなぜ可能なのか。

　どこの1行を使えばよいのかを、把握できればよいだけだからです。

　実践的な方法は、投資の知識を使ってコピペでトレーディングシステム化し、売買ポイント（いつ買いポジションをとったか等）の視覚化、バックテスト（過去の損益）などを実際にできるという実利を手にすることができます。その後、さらに拡張していくという流れをおすすめしている本とも言えます。

　そうなんです。実践型は、プログラムの知識より、投資の知識を必要とします。投資家の皆さんにとっては、実践的な道を好む方が多いのではないでしょうか。実践型からプログラムの意味するところを学んでいくことも可能というお話でした。

内蔵されている主要インディケータ

　ボリンジャーバンドというインディケータは、多くの皆さんに認知されているインディケータの一つです。マルチチャートにはボリンジャーバンドのインディケータとストラテジーのプログラムが内蔵されています。では、ボリンジャーバンドの解説を読みとばされることを覚悟で、一応説明させてください。

○ボリンジャーバンドとは？

　Mr. ジョンが考案した移動平均線と上下１本ずつ、もしくは２本ずつの標準偏差からなるのが、Bollinger Bands です。スペルは読めますよね。

　ざっくりイメージでお伝えしますと、±２シグマ（σ）の線の間を高い確率で価格が動くだろうという統計学上の予想をベースに、将来どのように価格が動くかを考えるテクニカル分析指標です。

　一般論をご紹介するなら、±２シグマの間に収まる確率は約95%ということを重視した場合、高値サイドの＋２シグマの線で売り、安値サイドの－２シグマの線で買うというものです。

　なぜこれが一般的かって？　やっぱり説明やめてもよいですか……。

　ジョン・ボリンジャー氏に解説いただくのが一番ですが、95%内に価格が収束するという観点から、±２シグマの間を価格が動く確率が高いという統計学上のお話が一般的だと思います。が、どう使うかは投資家の皆さん次第なので、ここでは「ボリンジャーバンドは移動平均線と標準偏差からなるテクニカル分析指標である」ということを知っていることが重要となります。

○ボリンジャーバンドのプログラム例

　それでは、さっそくマルチチャートに内蔵されているボリンジャー

バンドのインディケータのプログラムを見てみましょう。

　下記はさっと見ていただくだけで結構です。これがすでに組まれているため、どなたのチャートにも簡単にボリンジャーバンドを表示することができるのです。

・ボリンジャーバンドのインディケータのプログラム

```
 1  inputs:
 2         BollingerPrice( Close ),TestPriceUBand( Close ),TestPriceLBand( Close ),
 3         Length( 20 ),NumDevsUp( 2 ),NumDevsDn( -2 ),Displace( 0 ) ;
 4
 5  variables:
 6         var0( 0 ),
 7         var1( 0 ),
 8         var2( 0 ),
 9         var3( 0 ) ;
10
11  var0 = AverageFC( BollingerPrice, Length ) ;
12  var1 = StandardDev( BollingerPrice, Length, 1 ) ;
13  var3 = var0 + NumDevsUp * var1 ;
14  var2 = var0 + NumDevsDn * var1 ;
15
16  condition1 = Displace >= 0 or CurrentBar > AbsValue( Displace ) ;
17  if condition1 then
18         begin
19         Plot1[Displace]( var3, "UpperBand" ) ;
20         Plot2[Displace]( var2, "LowerBand" ) ;
21         Plot3[Displace]( var0, "MidLine" ) ;
22
23
24         if Displace <= 0 then
25               begin
26               condition1 = TestPriceLBand crosses over var2 ;
27               if condition1 then
28                     Alert( "Price crossing over lower price band" )
29               else
30               begin
31               condition1 = TestPriceUBand crosses under var3 ;
32               if condition1 then
33                     Alert( "Price crossing under upper price band" ) ;
34               end;
35               end ;
36         end ;
```

　次に、ボリンジャーバンドを使った「買い戦略（ストラテジー）」のプログラムはどのようなものかを見てみましょう。こちらも、さっと見ていただくだけで結構です。

・ボリンジャーバンドを使った買い戦略のプログラム

```
1  inputs:
2          BollingerPrice( Close ),
3          TestPriceLBand( Close ),
4
5          Length( 20 ),
6          NumDevsDn( 2 ) ;
7
8  variables:
9          var0( 0 ) ;
10
11 var0 = BollingerBand( BollingerPrice, Length, -NumDevsDn ) ;
12
13 condition1 = CurrentBar > 1 and TestPriceLBand crosses over var0 ;
14 if condition1 then
15
16          Buy ( "BBandLE" ) next bar at var0 stop ;
17
```

　インディケータのプログラムに比べれば短いため簡単そうに見えますが、それでも「難しそう」と感じた方も多いと思います。難しいと感じてください。あと数ページ読むだけでこのプログラムの意味が分かるようになります。

　実際にボリンジャーバンドのプログラムで必要かつ重要で、理解すべきプログラムの箇所は上記の**11行目の部分**だけなのです。そう、たった1行だけを理解すればOK。11行目を抜粋してみます。

```
        var0 = BollingerBand( BollingerPrice, Length, -NumDevsDn ) ;
```

　今回のテーマである BollingerBand（ボリンジャーバンド）という文字を見つけて、**かっこの中について理解**するだけ！

　この流れならボリンジャーバンドを理解している方なら、簡単に思いませんか？　つまり、**どこを見てどこを理解すれば良いか分かれば、**あとは**投資の知識で大丈夫**ということです。

　ここでは、プログラムの中から**1行を見つける**ことがイメージできれば大丈夫です。

計算ソフトの代表格 Excel では SUM 関数などの便利な関数が多数用意されていますよね。ちなみに SUM 関数は、指定した範囲の数値の合計値を求める時に利用しますので頻繁に使われます。

投資ソフトのマルチチャートでは、投資家にとって必要で使いやすい BollingerBand などの関数（Function）が用意されています。それらの関数を知っていることで、テクニカル分析に必要なインディケータの大半は利用することが可能なのです。

それでは、具体的にその 1 文の中を見てみましょう。ボリンジャーバンド関数を理解するということは、かっこの中を理解する必要があります。ここでは var0 = は使いませんので、無視してください。なお、var についてはのちほど、たっぷり解説いたします。

```
var0 = BollingerBand( BollingerPrice, Length, -NumDevsDn ) ;
```

BollingerBand(BollingerPrice,Length,-NumDevsDn) とありますよね。これを日本語で分かりやすくしますと、**ボリンジャーバンド（価格、期間、標準偏差）** という意味です。ボリンジャーバンドを使った買いストラテジーなので、（　）内にボリンジャーバンドで使うパラメータを定義してあげればよいのです。

- **価格：使う価格（Open、High、Low、Close）から決める**
  ボリンジャーバンドのもとになる移動平均の値を、4 つの価格（始値、高値、安値、終値）の内、どれを使うかを決めます。**Close（終値）を使う方が一般的です**が、ご自身の好きな価格を利用できるのも汎用性があって、独自の検証を簡単に行うことを可能にします。
- **期間：移動平均のパラメータ（数値）をいくつにするかを決める**
  例えば日足を利用して計算したい場合は15や20といった数値

は、15 期間（日足なら15 日間、1 分足なら15 分間)、20 期間
（日足なら20 日間、1 分足なら20 分間）を意味します。

・標準偏差：ボリンジャーバンドの標準偏差をいくつにするかを
決める

例えば、－2標準偏差に設定したい場合、－2になります。

例）価格は Close（終値）ベース、期間は 20、標準偏差は－2を設定し
たい場合は

```
BollingerBand(Close, 20, -2)
```

とプログラムを記述するだけで、ご自身独自のインディケータが設定
できます！

　ご覧いただいたとおり、すべてのプログラムを理解しなくても、ご
自身が設定したいインディケータは、手の届かないものではない時代
になったのではないでしょうか。

　テーマである**中心ワードを見つけて（ ）の中を投資の知識から理
解することが重要**となります。今回のテーマはボリンジャーバンドで
すが移動平均など、お好きなテーマにあわせて中心ワードを見つけて
ください。

　見つけるのはご覧いただいたとおり、そんなに難しくないと思いま
す。テーマ以外のワードも気になる読者の皆さんがいるかと思います
が、あとの章で解説しますので、まずは重要な1行を見つける大切さ
を知ってください。

```
    var0 = BollingerBand( BollingerPrice, Length, -NumDevsDn ) ;
```

　最も重要なこと。**下線を引いた部分（実際には紫色）がテーマである中心ワード**である。これは覚えておいてください。

　さて、ここはさらっと読んでください。非常に重要な内容なのですが、分からなくても結論だけ分かっていればシステムは作れますので。結論だった1行を理解できていることが重要ということを忘れないでください。

○補足〜安全性とは〜

　ここではあえて少しだけ、専門的な説明をしたいと思います。下線部分のワードを「**関数（Function）**」と言います。皆さんにはテーマの関数が中心ワードであるとお伝えしました。そこで、まずは関数を見つけて（　）の中を投資の知識から理解をしていただきました。

　（　）の中の値を「**引数、パラメータ**」と言います。**関数は「BollingerBand」などスペースが入らない1ワード**です。既に用意されているプログラムは、関数が正確に動くために必要なプログラミングがされています。数百から千行程度をイメージしていただければ結構でしょう。

　安心安全とは、正しく動作するということにつきますが、巷には正しく動作しないものが多く存在します。プロのプログラマーは、投資家ではないことが多いため、cross over、cross under と記述しなくてはいけないところを不等号（< や > など）で記述されていたりします。これ、実はあるある話なんですよ。

　プログラムの見えないものを「ブラックボックス」と言いますが、プログラムが見えなくても正しく動作するかの検証方法などいくらでもあるのに。他にもたくさんのあるある話はありますが、オフィシャルなインディケータとは、より正確に表現するなら「その動作をマルチチャート社が保証している」ということです。保証しているわけですから有料なのは当たり前となります。

その正しく動作する関数に、パラメータを渡します。パラメータは任意に決めることができるように、関数の中に記述するのではなく、外に出すことで誰もがカスタマイズできるように作られています。ここに自由度があるわけです。

　関数とは「何かを入れると、しかるべく処理をしてその結果を返してくれる」ものです。イメージ的には、ガチャガチャ。

　10円入れるとソーダのアメが出てくるガチャガチャと、20円入れるとソーダのガムが出てくるガチャガチャがあるとします。

　何かを入れると、それを処理して何かが出てくる。ならば10円入れればガチャガチャが動いて、ちゃんとソーダアメが出てくる。20円入れるとガチャガチャが動いて、ちゃんとソーダガムが出てくるという仕組みのことを意味します。イメージできますか？

　これをプログラムの関数で言うと、「パラメータを入れると、関数が処理して値が返ってくる」。もう少し具体的には、close というパラメータを入れると関数が処理して、値を返してくる。この場合の関数は最新の終値を常に返す、という処理をしていると考えてください。5分足のチャートを使っているなら、5分ごとの最新の終値を返してくれるというわけです。最新の終値が100なら、100を。101なら101を返します。必ず同じ定義のものを返します。

　ということで、関数のイメージは "ガチャガチャ" でした。

○その他の記述

　先ほど見ていただいた記述は、inputs から始まっていましたね。inputs は変数というものになります。変数も後ほど解説しますが、BollingerBand(Close, 20, -2) と直接記述する方法と変数を宣言して記述する方法は同じ意味になります。ただし、バックテストなどの機能性や利便性が変わってきます。

ポイント！
BollingerBand(BollingerPrice, Length, -NumDevsDn) と
BollingerBand(Close, 20, -2) は同じ意味。

というように、プログラムが難しいと感じてしまうところは、**同じ意味なのに書き方が複数存在する**ということでしょう。

機能性や利便性を追求すると、その分プログラムを読む能力も高いものが求められます。これは今回のプログラム言語に限ったお話ではなく、すべてのプログラム言語に共通するお話です。

そのため、「言語が簡単なのに、やっぱりなにかあるんでしょ」とお疑いの方。投資家は疑うのも仕事ですので理解できますが、そろそろ本書につきましては、疑うのをやめてもよろしいかと存じます。

ですが重要なのは、全パターンを分かる必要はないということです。もっと重要なのは、理解して使えるようになることです。

皆さん、スマホは使えますよね？　全ての機能を使えていますか？　驚くほど進化したスマホ機能を完全に把握し、使いこなしている方は少ないのではないでしょうか。プログラムも同じです。プロでもない限り、すべてを理解する必要はありません。まずは自分にとって必要な部分から少しずつ理解していきましょう。

「分からなくてよいもの」と「分からなくてはいけないもの」の切り分けは、私が担当させていただきます。その分、皆さんは重要な箇所に時間を使って、理解を深めてください。使えるものを確実に少しずつ増やしていきましょう。

さて、また少し話がそれてしまいましたが……

```
Inputs:BollingerPrice(Close), Length(20), NumDevsDn(2);
Variables:var0(0);
var0 = BollingerBand(BollingerPrice, Length, -NumDevsDn);
```
と

```
BollingerBand(Close, 20, -2);
```

は同じ意味です。

　ではほかのプログラムにも触れておきましょう。先に記載したコードを再度見てください。

```
 1   inputs:
 2        BollingerPrice( Close ),
 3        TestPriceLBand( Close ),
 4
 5        Length( 20 ),
 6        NumDevsDn( 2 ) ;
 7
 8   variables:
 9        var0( 0 ) ;
10
11   var0 = BollingerBand( BollingerPrice, Length, -NumDevsDn ) ;
12
13   condition1 = CurrentBar > 1 and TestPriceLBand crosses over var0 ;
14   if condition1 then
15
16        Buy ( "BBandLE" ) next bar at var0 stop ;
17
```

　まず、13行目以降はいりません。ここでの理解は一切不要です。
　inputs: の中にある TestPriceLBand(Close) は13行目以降で使っていますので、同じく不要です。
　必要な知識は、太枠。太枠と同じ意味が下記になります。

```
BollingerBand(Close, 20, -2);
```

　皆さん、100ページも読まずにここに記述されているプログラムの

概要を掴めたでしょうか。関数 BollingerBand と（　）の中をご理解いただけたなら満点です。

　　・1 行は長くなかったですか？
　　・1 行を見つけるイメージはできましたか？
　　・1 行の意味することを投資知識から理解できましたか？

　3 つの質問に「YES !」と答えられたら問題ありません。この 1 行を使ってトレーディングシステムを具体的に作るのはもう少しあとになりますが、この 1 行が非常に重要であるということは忘れないでください。

主要インディケータ

　先の例では、インディケータの簡単な表示方法はご紹介しました。
ここでは関数としての記載方法を主要なインディケータで簡潔にご紹
介します。

①**単純移動平均線**（PowerLanguageでの表記：Mov Avg）
「Average」関数を使います。

記述方法は、Average(価格、期間) で表現します。

・価格：使う価格（Open、High、Low、Close）から決めます。
　移動平均も先のボリンジャーバンドと同様に４つの価格の
　中からどれを使うかを決めます。Close を使うのが一般的
　ですが、ご自身の好きな価格を利用できます。

・期間：移動平均のパラメータ（数値）をいくつにするかを
　決めます。7 や 15 といった数値です。例えば Close の 15
　期間の単純移動平均ならば、Average(Close, 15) と記述し
　ます。

②**指数平滑移動平均線**（Mov Avg Exponential）
「XAverage」関数を使います。

記述方法は、XAverage(価格、期間) で表現します。

・価格：使う価格（Open、High、Low、Close）から決めます。
　こちらも一般的には Close を使う方がほとんどでしょう。

・期間：これは移動平均のパラメータ（数値）をいくつ
　にするかを決めます。20 や 50 といった数値ですね。例
　えば、Close の 50 期間の指数平滑移動平均ならば、
　XAverage(Close, 50) と記述します。

③RSI

「RSI」関数を使います。記述方法は、RSI(価格、期間) です。

・価格：使う価格（Open、High、Low、Close）から決めます。
　一般的には、Close を使う方がほとんどでしょう。

・期間：これは移動平均のパラメータ（数値）をいくつにす
　るかを決めます。7 や 14 といった数値です。Close の 7 期
　間の RSI ならば、RSI(Close, 7) と記述します。

④ADX

「ADX」という関数を使います。記述方法は、ADX(期間)です。

・期間：移動平均のパラメータ（数値）をいくつにするかです。
　例えば、7 期間の ADX ならば、ADX(7) と記述します。

⑤モメンタム（Momentum）

「Momentum」関数を使います。

記述方法は、Momentum(価格、期間) です。

・価格：使う価格（Open、High、Low、Close）です。一般
　的には、Close を使う方がほとんどでしょう。

・期間：移動平均のパラメータ（数値）をいくつにするかを
　決めます。例えば、Close の 7 期間のモメンタムならば、
　Momentum(Close, 7) と記述します。

⑥標準偏差ボラティリティ（Volatility Std Dev）

「VolatilityStdDev」関数を使います。

記述方法は、VolatilityStdDev(期間) です。

・期間：移動平均のパラメータ（数値）をいくつにするか、を
　決めます。例えば、20 期間の標準偏差ボラティリティな
　らば、VolatilityStdDev(20) と記述します。

どれも書籍やサイトでよく紹介されるインディケータですよね。

では次に、それらのインディケータを複数、チャートに表示する方法を紹介します。マルチチャートの基本操作になりますので、慣れるためにいろいろと試してみてください。

○複数のインディケータをチャートに表示

さて、先のページで移動平均線の表示をしました。ここではさらに、トレンド系のインディケータであるボリンジャーバンドとさらにオシレーター系の RSI を同画面に表示してみます。

まずはボリンジャーバンドから表示します。先ほどのやり方と少しだけ表示手順を変えてみます。どちらでもやりやすいほうでかまいません。今回は、パラメータの変更を一連の流れでできるやり方をご紹介します。

1）マルチチャートの「Insert」→「Study…」をクリック

2）「Indicator」タブで「BollingerBands」を選択して、下部にある
□ Format にチェックを入れた状態で OK をクリック

　ここにチェックを入れないと初期設定のパラメータのまま、インディケータが表示されます。

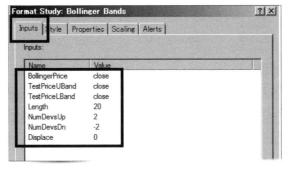

3）「Format Study: Bollinger Bands」ウィンドウが立ち上がる

　どうですか？　先の例で出てきたソースの中にあった単語と同じワ

ードがありますよね。そうです。この「Inputs」タブ欄では、インディケータが持っている値（パラメータ）の設定を行うことができるのです。ここを活用すれば、エディタを開いてプログラムを解読し、わざわざ修正する必要がないのでとても簡単ですね。

　さて、「Inputs」の各項目を見ていきます。

・BollingerPrice：ボリンジャーバンドの計算元である移動平均の値の設定を変更することができます。具体的には、open、high、low、close の中からどの値で平均値を計算したいかを選択できます。

　先の図のように元々の値は「close」になっています。例えば high を利用したいと思われた際には、BollingerPrice の close と表示されている部分をクリックし、「high」と**半角で入力**し、Enter キーを押してください。close となっていたものが、high に変更することができます。

　ほかの項目でも同様ですが、入力は**大文字でも小文字でもどちらでも構いません**。ただし必ず、**半角で入力してください。全角で入力しても認識されません**（数値も同様です）。

Name	Value
BollingerPrice	High
TestPriceUBand	close
TestPriceLBand	close
Length	20
NumDevsUp	2
NumDevsDn	-2
Displace	0

・TestPriceUBand、TestPriceLBand：ボリンジャーバンドの上方バンド（UBand）・下方バンド（LBand）の値を open、high、low、close から選択します。変更方法は同じです。

60

　ちなみに TestPriceUband は UP、TestPriceLBand は LOW の意味です。英語の対義語は UP（上）ときたら DOWN（下）、LOW（低い）ときたら HIGH（高い）ですが、まぁイメージできますよね。

・Length：期間ですね。ボリンジャーバンドの計算元である移動平均のパラメータです。初期設定は 20 になっていますが上記と同様の方法で変更可能です。
　なお、この数値はチャートの設定と連動しますのでご留意ください。初期設定の 20 で言えば、ご自身の設定しているチャートが日足ならば「20 日間」の平均値に、1 分足ならば「20 分間」の平均値になります。
　さて先にもお伝えしたように、**Inputs で設定（変更）できる数値は「最適化」可能です**。ストラテジーの最適化の方法は後述します。

・NumDevsUp、NumDevsDn：上方バンド（Up）と下方バンド（Dn）の標準偏差の値を決めます。初期設定は ± 2 標準偏差（シグマ）になっていますが、この値も変更可能です。ちなみに、NumDevs**Dn** は、DOWN の意味です。

・Displace：遅行表示の設定ができます。もしインディケータを遅行表示させたい場合に数値を変更することが可能です。初期設定では 0。これは「遅行させない（価格と同じ位置）」設定です。例えば、1 にすれば 1 バー分、過去にずらして表示することができます。

　次に「Style」タブ欄ですが、ここではインディケータの色や表示形式をお好みに変更することができます。

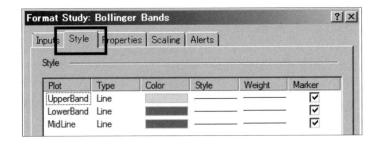

その他のタブ「Properties」「Scaling」「Alerts」については、マルチチャートに内蔵されているインディケータの基本的な使い方で設定されています。ここでのご紹介は省略させていただきます。

以上の設定が完了しましたら、最後に下部の「OK」ボタンをクリックすればあなた好みの設定に変更されます。

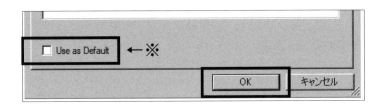

＊＊＊＊＊＊＊＊＊【知っておくと便利な機能】＊＊＊＊＊＊＊＊＊
Inputs や Style などの変更を行った際、**同様の設定を別のチャートなどにも使いたい場合には、「□ Use as Default」欄にチェックマークを入れます**（各タブに Use as Default 欄があるので、それぞれにチェックマークを入れます）。チェックマークを入れることで、変更した設定が保存されます。逆に、チェックマークを入れておかないと、別のチャートにボリンジャーバンドを取り込んだ場合には初期設定のままになりますのでご注意ください。
＊＊＊＊＊＊＊＊＊＊＊＊＊＊＊＊＊＊＊＊＊＊＊＊＊＊＊＊＊

すると、±2シグマのボリンジャーバンドが表示されましたね。

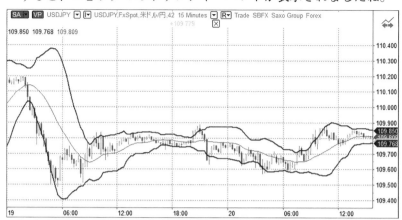

　次に、このチャートにRSIを表示します。表示方法はこれまでと同じです。ただし、ボリンジャーバンドが表示されている状態で行ってください。

　まずは「Insert」→「Study…」をクリックして「Indicator」タブから今度はRSIを選択します。

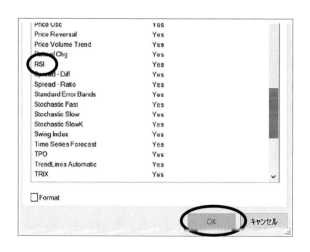

　ここでは試しに□ Formatにチェックを入れなかったため、RSIが

すぐに表示されました。パラメータは先の方法で、任意の数字に変更が可能です。

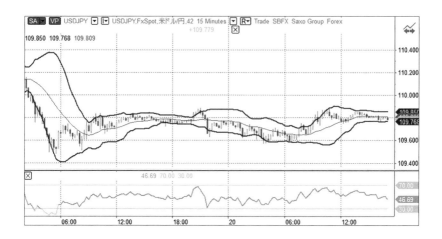

いかがでしょうか。慣れるまではメニューバーのマークや各種設定の画面にたどり着くまでが大変かもしれませんが、あっという間に慣れますよ。

パラメータを変更してみよう！

さて、63ページのチャートをもう一度見てください。ここまでで設定したボリンジャーバンドのバンドは、真ん中に描画されている20移動平均線の上下に1本（±2シグマのライン）ずつしか表示されていません。皆さんの馴染みのあるボリンジャーバンドは、±1シグマのラインもチャートに描画されているものかと思います。それでは、現在のチャートに±1シグマのバンドを追加してみましょう。

行う作業は、もうお分かりですね。これまでの作業を繰り返すだけです。

　まずは「Insert」→「Study…」をクリックして「Indicator」タブから Bollinger Bands を選択して、□ Format にチェックを入れて OK をクリックします。

　Inputs タブで「NumDevsUp を 1、NumDevsDn を −1」にそれぞれ変更してください。

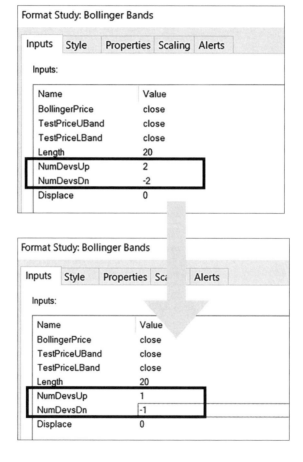

ここで一言。

これを面倒と考えるか、自由度があると考えるかは皆さん次第です。

「YES, フリーダム！」

これで、下記のようにボリンジャーバンドが上下２本ずつになりました。

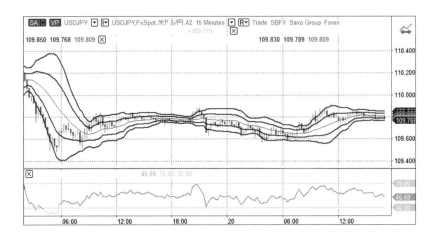

本書では分かりづらいですが、各線の色が同じになっています。これを±１と±２シグマで色を変えてみましょう。

「Format」→「Study」をクリックすると、現在表示されているインディケータの一覧が出ます。ここでの表示は先に取り込んだインディケータが上に来るのですが、覚えがなければ Input Strings 欄を少し広げればパラメータが出てくるので、判別ができます。今回は±１シグマを選択して、右にある「Format...」をクリックします。

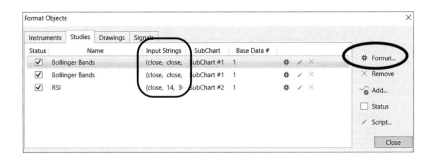

　先ほどから何度か表示された Inputs ウィンドウが立ち上がります。その隣の「Style」タブで各線の色、種類、太さなどが変更できます。

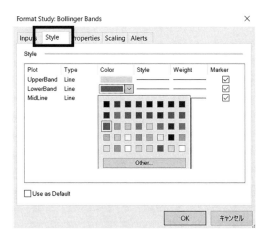

　色を変えるだけではなく、線を太くすることも可能です。
　ここでは±１シグマを薄い色に変更してみます。

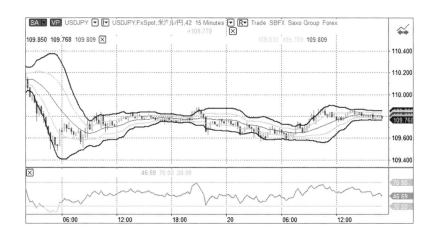

　あとに出てくるプログラムの記述でも色の解説があるのでカラーでお見せしたいところですが、そこは何卒ご理解ください。なお、色が

分かりづらいこともあり、一緒に本を見ながらやっていただくとよい
かと思います。

　では、最後にインディケータを削除する方法もご紹介します。先ほ
ど追加したボリンジャーバンドの±1シグマを削除する場合を例にし
ます。

　「Format」→「Study」で出したFormat Objectsウィンドウで表
示中のインディケータの一覧を出し、消去したいインディケータを選
択した状態で右側の「Remove」をクリックします。

　もし、下記のようなメッセージが出たら、「本当に消してよいのか」
の確認なので、「YES」をクリックしてください。

　チャート上でもボリンジャーバンドの表示が、1つになりました。

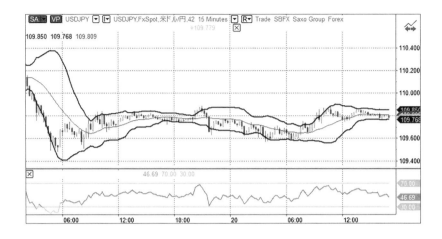

　いかがでしたでしょうか。まだプログラムが出てきませんが、マル
チチャートの基本操作になりますので、もうしばらくお付き合いくだ
さい。

オリジナルのインディケータを作成してみよう

　マルチチャートには多くのインディケータが搭載されていますが、オリジナルのインディケータを作成することも簡単です。

　ここでは簡単な記述例として、25日移動平均線を新規で作成してみます。なお、ここでは新規作成方法を記載しますが、あくまで練習ですので、流れを見るだけで大丈夫です。

1)「PowerLanguage」を起動すると下記画面が立ち上がる

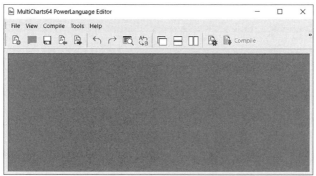

2)新規で作成するため、「File」→「New…」をクリック

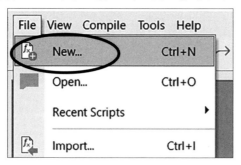

3）インディケータを作成するため、「Study Type」の内の「Indicator」を選択し、「OK」をクリック

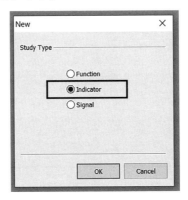

4）オリジナルの名前を半角英数字でつける

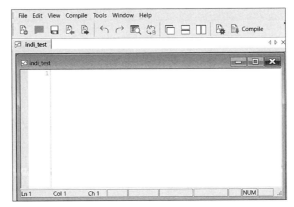

5）新規エディタが立ち上がる

6）25 日移動平均線（終値ベースで過去 25 期間の平均値を描く）プログラムを記述（ここでは例なので、覚える必要はありません）

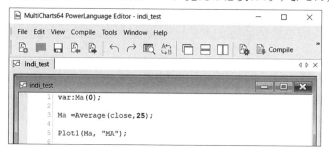

7）コンパイルする

ツールバーにある「compile」をクリックすると、エディタの下にコンパイルの結果が表示されます。「compiled successfully」と出れば問題なくコンパイルされたということです。

```
06.07.21 17:36:45
------ Build started: ------
Study: "indi_test" (Indicator)
Please wait ....
06.07.21 17:36:47
------ Compiled successfully ------
```

　では、そのオリジナルのインディケータをチャートに表示してみましょう。ここでは例として、ドル円チャートに表示してみます。

8）インディケータを挿入

インディケータ挿入マークをクリック

9）先ほど作成したインディケータを選択して「OK」

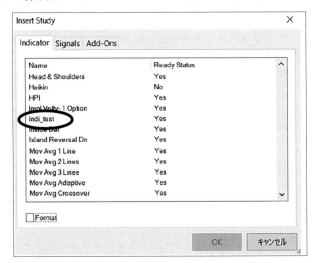

10）チャートに表示される

ですが、サブウィンドウに表示されてしまいましたね。

　移動平均線や一目均衡表、ピボットポイントなどのチャート上に重ねて表示するインディケータは設定（Format）をしないとサブウィンドウに表示されてしまいます。

その際はサブウィンドウに表示されたインディケータを掴んで、上のチャートにドラッグアンドドロップすると移動できます。

　が、ここで注意が必要です。上のチャート、価格と移動平均線がなんだかズレていますよね。このズレを正しくするためには、下記の設定が必要になります。

11)「Format」→「Study...」をクリック

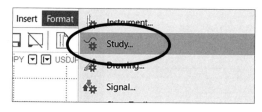

12)「Studies」タブに自作インディケータが選択されている状態で「Format」をクリック

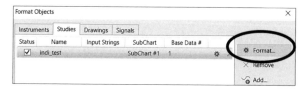

13)「Properties」タブの「SubChart」で「SubChart#1」を選択し、
□ Use as Default にチェック

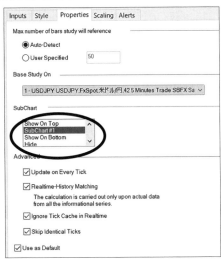

14)「Scaling] タブの「Scaling Range」で「Same as Instrument」を
選択し、□ Use as Default にチェックを入れて Format 画面を「Close」

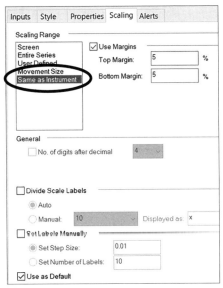

15）チャートの確認

　先ほどのチャートのズレがなおったのがお分かりでしょうか。

　□Use as Default にチェックを入れれば、次回以降はこの設定は必要ありません。

　ですが面倒くさいですし、もしこの設定を忘れてしまったらズレたまま表示されることになってしまいます。そこでオリジナルインディケータを挿入する場合は最初に使用する段階で、この作業手順9の段階で□Format にチェックを入れて作業13と14の設定をしてしまいましょう。

コピペで作成ストラテジー

　インディケータの表示はバッチリですね。インディケータの役割は売買のサポートライン（支持線）やレジスタンス（抵抗線）を視覚で確認することです。トレンドや過熱度合を視覚的に把握する目的で使用されることが多く、チャートに描画することで、売買ポイントがイメージしやすくなります。

　もし、皆さんが見ているインディケータの売買ポイントで仮想売買ができるとしたら、さらに便利だと思いませんか？　それが、できるのです。そう。皆さんのアイデアを形にすることが本書の目標でした。

　ここでの合言葉、というより呪文は……

if 売買条件 then アクション いついくら；

　この呪文は、本書の中で最後まで登場します。ただし、その前にもう少しだけ説明をさせてください。

　ここでいう仮想売買とは、例えばボリンジャーバンドで「設定したタイミングで売買した結果を見ることができる」という意味です。つまり、どれくらい過去に勝っていたか・負けていたかを検証することができる。いわゆる「**バックテスト**」ってやつですね。

　書籍やサイトなどで必勝法やストラテジーが紹介されていて、一見画期的だと思っても実際に参考にしてみるとあまり良い結果にならなかったということはありませんか。売買戦略が地合いに合っていないのか、ほかの通貨ペアなら通用するのか。

　そこでインディケータをストラテジー化することで、**客観的**な仮想売買履歴を見ることができるようになります。**インディケータで視覚**

的・主観的にマーケットを把握して、トレーディングシステム（ストラテジー）で客観的に検証するという補完関係を、この機会にぜひ体験してください。

○ストラテジーをコピペで作成　事例（1）

　さて、ここからはプログラムが登場します。そのため、見た目の重圧感で少し難しく感じてしまうかもしれませんが、忘れないでください。**大切なのは、投資の知識です。**

　ここまででご紹介してきたボリンジャーバンドを利用して、インディケータをストラテジー化して、簡単なデイトレードのシステムを構築してみます。

　ここでは簡単な例として、「ボリンジャーバンドの−2シグマを下抜けたら買い、＋2シグマを上抜けたら手じまい」というルールで、搭載されているストラテジーを引用して練習してみましょう。

　ストラテジーの新規作成も先のインディケータと同じくエディタに記述します。

1）「PowerLanguage」を起動
2）「File」→「New…」をクリック
3）ストラテジーを構築するため、「Study Type」の内の「Signal」を選択し、「OK」をクリック

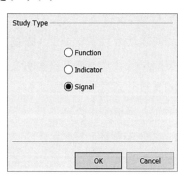

4）ストラテジーである戦略名（シグナル名）に任意の名前をつけて、「OK」をクリック

　ここでは、ボリンジャーバンドのテスト戦略という意味で「BB_simplecode」という名前をつけました。もちろん、皆さんのお好きな名前をつけていただいて構いません。ただし、お好きな名前をつけた場合は忘れないでくださいね。

　先のインディケータ作成時と同様、白紙のエディタが立ち上がりました。この白紙の部分に、「**コピペ中心でプログラムを記述**」していきます。

　では、コピペするストラテジーを開きます。

5）「File」→「Open…」をクリック

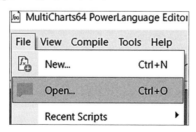

6）「Study Type」から□ Signalにチェックを入れ、「Bollinger Band LE」を選択して、最後に「OK」をクリック

　ここで注目。「Bollinger Band LE」の下に「Bollinger Band SE」

があるのをお気づきでしょうか。LはLong（買い建て）、SはShort
（売り建て）のストラテジーです。

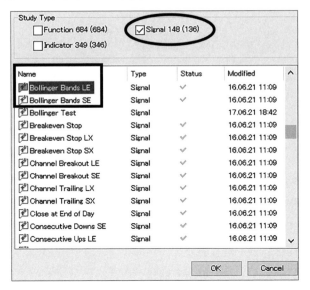

7）16行までプログラムが記述されている「Bollinger Band LE」の
エディタが立ち上がる

1〜16行目まで「すべてを選択してコピー」して、手順4で新規作
成した白紙のエディタ（例BB_simplecode）にペーストします。

```
 1  inputs:
 2       BollingerPrice( Close ),
 3       TestPriceLBand( Close ),
 4
 5       Length( 20 ),
 6       NumDevsDn( 2 ) ;
 7
 8  variables:
 9       var0( 0 ) ;
10
11  var0 = BollingerBand( BollingerPrice, Length, -NumDevsDn ) ;
12
13  condition1 = CurrentBar > 1 and TestPriceLBand crosses over var0 ;
14  if condition1 then
15
16       Buy ( "BBandLE" ) next bar at var0 stop ;
```

8）新規エディタにペーストした下図の太線で囲んだ箇所を削除

```
 1  inputs:
 2       BollingerPrice( Close ),
 3       TestPriceLBand( Close ),
 4
 5       Length( 20 ),
 6       NumDevsDn( 2 ) ;
 7
 8  variables:
 9       var0( 0 ) ;
10
11  var0 = BollingerBand( BollingerPrice, Length, -NumDevsDn ) ;
12
13  condition1 = CurrentBar > 1 and TestPriceLBand crosses over var0 ;
14  if condition1 then
15
16       Buy ( "BBandLE" ) next bar at var0 stop ;
```

9）削除後の「BB_simplecode」エディタ上のプログラムを確認
以下のようになっていれば OK です。

```
BB_simplecode
 1  inputs:
 2       BollingerPrice( Close ),
 3       TestPriceLBand( Close ),
 4
 5       Length( 20 ),
 6       NumDevsDn( 2 ) ;
 7
 8  BollingerBand( BollingerPrice, Length, -NumDevsDn ) ;
```

　さて、手順 10 からは、さらに一歩進みますよ。一つずつ説明して
いきますが、この段階では流れを見ていただければ結構です。

10）if ～ then 構文
「if ～ then・・・」は「もし ～ なら・・・する」を意味します。**if**
と then の間には売買条件が入ります。then の後はアクションです。

> if 売買条件 then アクション いついくら；

　投資のアクションは 4 つ——買い、売り、買い決済、売り決済です

ね。その**アクションの後は、いつ・いくら**です。そして最後は、文の終わりを示す句点（。）と同じように「**;**」で**プログラムの終わりを意味**します。セミコロン（;）ですので、間違えないでくださいね。

　この構文は呪文のごとく何度も出てきますので、自然に覚えると思います。

11) if と then との間に入る売買条件を作るための作業をする
「売買条件」で利用するボリンジャーバンドは、初期値（最初に設定されている値）をそのまま使います。初期値は、終値、20 期間、－2シグマとなっています。手順9の8行目をコピーして**10行目にペーストした後に「;」を削除**してください。

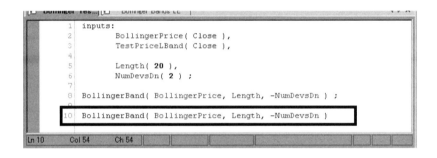

　ここまでの手順も後で詳しくまとめて解説しますので、ここからは特に「太枠の1行を中心に何をしているのか」という作業内容を見てください。細かい意味を理解するのは、あと！　さ、続けます。

12) if と then の間に入る売買条件を決める
コピーした10行目を使って売買条件を定義します。今回は一例として、「ボリンジャーバンドの－2シグマを下抜けたら買い」と定義します。

　今回のエントリー条件を見直してみましょう。

・エントリーの条件＝下抜け：cross under
・＋か－どっちのライン？：-NumDevsDn

　プログラム化すると、以下のようになります。なお、紙面の都合改行されてしまいますが、改行に意味はありません。

```
close cross under BollingerBand( BollingerPrice,
Length, -NumDevsDn )
```

13) 売買条件を if ～ then 構文にあてはめる
売買条件は、if と then との間に入れるものでしたね。10 行目に記述していきますよ。

if close cross under BollingerBand(BollingerPrice,
Length, -NumDevsDn) **then**

14) アクションを決める
ここまでで「if 売買条件 then」が作れました。次はアクションですね。今回は「買い」なので、buy ですね。

アクションワード
・新規買い建て = buy ── 買い建ての決済 = sell
・新規売り建て = sellshort ── 売り建ての決済 = buytocover

if close cross under BollingerBand(BollingerPrice,
Length, -NumDevsDn) then **buy**

15）アクションの後は「いつ」「いくら」を決める

今回はもっともシンプルな記述方法とします。「いつ」は条件を満たした直近で、「いくら」は成行発注とします。

・いつ = this bar
・いくら = on close

```
if close cross under BollingerBand( BollingerPrice,
Length, -NumDevsDn ) then buy this bar on close;
```

さて、this bar は直訳すると「このバー」です。このバーとは、**売買条件を満たしたチャートのバーという意味**です。

一方、on close を直訳すると「終値で」となりますが、発注は確定したものしかできません。当たり前のことですよね。**確定したものとは、価格を指定して発注するか、確定した価格で発注するかの2パターン**となります。

さて、問題です。「4本値のうち、確定した価格はいくつありますか？」正解は2つ。Open と Close ですね。

5分足を使っている場合、高値と安値が確定するのは5分足ができ上がってから。結果として、あそこが高安だったと確定します。もっと分かりやすく言えば、高値と終値が一緒の場合がイメージしやすいでしょう。

過去に遡って発注はできませんよね。「いくら」という発注のタイミングは、確定したものになるのはお分かりいただけましたか。なお、価格を指定しての発注はまた後ほどご紹介致します。

アクションワード後の、this bar on close の後にセミコロン（;）が

ついているのに気づきましたか？　そう。これでプログラムが終わりです。なお終わりを意味する「;」はとても大切ですので、忘れずに記述してくださいね。

16）コンパイルする

「コンパイル」は、**プログラムを有効にするために行う変換作業**のことです。図の丸枠で囲まれた「Compile」をクリックします。

　コンパイルが成功すると、図の下の太枠のように「Compiled successfully」というコンパイルが成功しましたというメッセージが出ます。これで、記述されたプログラムは有効になりました。

```
------- Compiled successfully -------
```

　コンパイルは、プログラムにエラーがないかをチェックする作業でもあります。エラーがある場合は、プログラムは有効になりません。エラーがある場合は、「Compiled successfully」の代わりに「Compiled with error(s)」というエラーメッセージが発生します。
　その場合は、何行目にどんな間違いがあるかが表示されますので、エラーメッセージを見て、その記述を修正しましょう。

　以上でボリンジャーバンドを利用したエントリーのプログラムは完成しました。次は、エグジット（決済）も構築していきましょう。エグジットもシンプルにプログラムが有効になることを目標にします。

17）if 構文でエグジットを設定

再度、手順 10 でご紹介した if 構文を確認します。

> ## if 売買条件 then アクション いついくら；

　ここでの決済の例は、考え方を理解するためにこれまでの反対売買である＋2シグマを上抜けたら決済するとしました。

・エグジットの条件＝上抜け：cross over
・＋か－どっちのライン？：NumDevsDn ←「－」がないことに注意
・売りの決済：sell

　いつ いくらはエントリーと同じにします。売買条件を満たしたチャートの終値で、成行注文。

・いつ＝ this bar
・いくら＝ on close

　最後にプログラムの終わりを意味する「;」を記述します。

　それでは、12 行目に記述してみましょう。記述する前に呪文を唱えてください。

　『if と then との間には、売買条件。then の後はアクション。アクションの後は、いついくら。』

　この呪文を唱えながらチャレンジしてみてください。記述後はコンパイルをお忘れなく。

if close cross <u>over</u> BollingerBand(BollingerPrice,

Length, <u>NumDevsDn</u>)　**then** <u>sell</u> this bar on close;

```
File  Edit  View  Compile  Tools  Window  Help

BB_simplecode      Bollinger Bands LE
   1  inputs:
   2        BollingerPrice( Close ),
   3        TestPriceLBand( Close ),
   4
   5        Length( 20 ),
   6        NumDevsDn( 2 ) ;
   7
   8  BollingerBand( BollingerPrice, Length, -NumDevsDn ) ;
   9
  10  if close cross under BollingerBand( BollingerPrice, Length, -NumDevsDn ) then buy this bar on close ;
  11
  12  if close cross over BollingerBand( BollingerPrice, Length, NumDevsDn ) then sell this bar on close ;
  13  |
  14

Ln 13    Col 1    Ch 1   SAVED COMPILED

line 10, column 77
29.06.21 14:22:08
------ Build started: ------
Study: "BB_simplecode" (Signal)
Please wait ....
29.06.21 14:22:09
------ Compiled successfully  ------

Build  Output  Help
```

　どうですか？　コンパイルの成功までいきましたか？　ではチャー
トに表示してみましょう。

18) 表示

サインが表示されています。難しいと思っていたシグナルがコピペだ
けで表示できたことがお分かりいただけたのではないでしょうか。

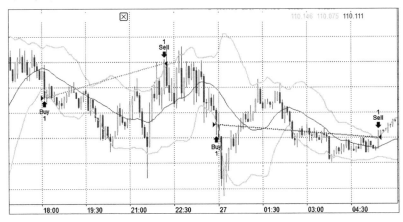

なお、このプログラムはあくまで記述例として出したものです。戦略として保証したものではないのでご注意ください。

　皆さんには、このあとに練習をしていただきたいと思いますが、その前にここまでの確認をしていきましょう。下記が理解できていれば□に ☑ を入れてください。

＊＊＊＊＊＊＊＊＊＊【理解度チェック】＊＊＊＊＊＊＊＊＊＊
□ BollingerBand（価格、期間、標準偏差）
関数はどういうものか、（　　）の中に入る内容は理解できましたか？

□ if 〜 then 構文の呪文
呪文は言えますか？『if と then との間には、売買条件。then の後はアクション。アクションの後は、いついくら。』ですよ。

□ 売買条件がどこに書かれているか
if と then との間に記述します。将来的にはテーマの関数を使って、シンプルな売買条件をコピペできることを最終目標としますが、ここでは、どこに売買条件を書けばよいのか、すなわち、if と then との間に売買条件を記述すると理解できていれば問題ありません。
売買条件を作るためには最低限でも不等号や四則演算などもう少し知識が必要ですが、それは追って解説します。

□ then のあとにはアクションワード
アクションワードは、対となりますね。
・buy（新規の買い建て）と sell（買い建ての決済）
・sellshort（新規の売り建て）と buytocover（売りの決済）

□「いつ」「いくら」を決める

逆指値注文や指値注文のように、価格を指定して発注する方法もありますが、ここでは、this bar on close の意味が分かっていれば問題ありません。

□ プログラムの終わりとコンパイル

プログラムの1文をステートメントと言います（覚える必要はありません）。終わりに「;」を付けること、そしてコンパイルすることを忘れないでくださいね。

＊＊＊＊＊＊＊＊＊＊＊＊＊＊＊＊＊＊＊＊＊＊＊＊＊＊＊＊＊

　どうですか？　少しはイメージがついてきましたか？　シグナルが表示されたときの「出た！」という喜びを感じていただければプログラムの扉は開いたも同然です。

　では、次に同じくボリンジャーバンドを使って売買条件を変えて、かつ時間というフィルターをつけて練習してみましょう。

○ストラテジーをコピペで作成　事例（2）

　今回の条件は「8時45分〜14時30分までの間で、直近の終値が、−2シグマのボリンジャーバンドを上から下に割り込んだら売り建てる」。少し文章が長くなりましたが、はじめましてなのは、時間という条件だけですね。

　では、まずは時間だけ脇において、基本の売買条件を作成してみましょう。新規エディタで今回は「Bollinger Test」という名前で作成してみましょうか。あくまで大切なのは・・・お分かりですね。

　事例（1）と手順 11 までは同じなので、「手順 12　if と then の間に入る売買条件を決める」から見ていきますよ。

12）if と then の間に入る売買条件を決める
コピーした 10 行目を使って売買条件を定義します。今回は「ボリンジャーバンドの − 2 シグマを下抜けたら<u>売り建て</u>」でしたね。なのでエントリー条件は同じですね。

・エントリーの条件＝下抜け：cross under
・＋か−どっちのライン？：-NumDevsDn

```
close cross under BollingerBand( BollingerPrice,
Length, -NumDevsDn )
```

13）売買条件を if 構文にあてはめる
売買条件は、if と then との間に入れるだけでしたね。10 行目に記述していきますよ。

```
if close cross under BollingerBand( BollingerPrice,
Length, -NumDevsDn ) then
```

14）アクションを決める
今回は「新規売り建て 」なので、sellshort ですね。

アクションワード

・新規買い建て = buy ── 買い建ての決済 = sell

・新規売り建て = sellshort ── 売り建ての決済 = buytocover

```
if close cross under BollingerBand( BollingerPrice,
Length, -NumDevsDn ) then sellshort
```

15) アクションの後は「いつ」「いくら」を決める

今回も「いつ」は条件を満たした直近で、「いくら」は成行発注とします。

・いつ = this bar

・いくら = on close

```
if close cross under BollingerBand( BollingerPrice,
Length, -NumDevsDn ) then sellshort this bar on close;
```

16) コンパイルする

「コンパイル」は、プログラムを有効にするために行う作業のことですね。図の丸枠で囲まれた「Compile」をクリックします。

どうですか？ 「Compiled successfully」と出ましたか？ もしどこかで「Compiled with error(s)」が出てしまった方は、もう一度、記述を見直してみてください。どこがエラー箇所か表示されていると思いますので、確認して正しく入れ直してみてください。

17）フィルターの追加
いよいよ時間という売買条件の追加です。すなわち、フィルターの追加です。

今回の条件は、「8時45分から14時30分まで」というエントリーの時間。売買条件を加える場合のキーワードは「and」。と言っても、既に記述した売買条件に and で加えていけばよいだけです。

・かつ＝ and

ここでも一言。記号や条件追加なども追って詳細しますので、ここでは覚える必要はないですからね。
「より大きい」ならばプログラムでは「>」。「より小さく」ならば「<」。条件の8時45分（845）という数字を含める場合は「>=」、逆に含めない場合は「>」のままで大丈夫です。
すなわち8時45分を含めるなら「>=」、含めないなら「>」となります。時間を意味するプログラム用語は time。

・8時45分から：time >= 845　←8：45も含み、それ以降
・14時30分まで：time <= 1430　←14：30も含み、それまで

かつという条件追加の and で、先に作ったボリンジャーバンドの条件に付け加えてみましょう。

```
if close cross under BollingerBand( BollingerPrice,
Length, -NumDevsDn ) and time >= 845 and time <= 1430
then sellshort this bar on close;
```

　どうですか？　ちょっと長くなってきましたね。ここでも記述後のコンパイルを忘れずにしてくださいね。

18）エグジット条件を作成
今回は「15時にエグジット」とします。下記の条件を if ～ then 構文にあてはめます。

・15時：time = 1500
・売り建ての決済：buytocover
・いつ：this bar
・いくら：on close

```
if time = 1500 then buytocover this bar on close;
```

19）最終確認
コンパイルして、最終確認です。

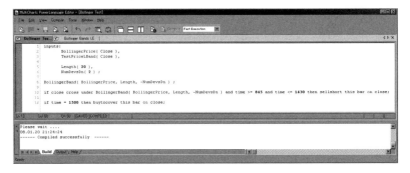

無事、コンパイルできましたね。

＊＊＊＊＊＊＊＊＊＊＊【理解度チェック】＊＊＊＊＊＊＊＊＊＊＊
□ 条件追加
売買条件を追加する場合は and を用いて条件を絞っていく

□ 時間の表記のイメージ
○時以降、○時まで、さらにその時間を含める場合、含めない場合の
等号（＝）、不等号（＞、＜）の使い方
不等号は time とセットで出てくることが多いですが、ここでは不等
号のイメージだけつかんでいただければ結構です。
＊＊＊＊＊＊＊＊＊＊＊＊＊＊＊＊＊＊＊＊＊＊＊＊＊＊＊＊＊＊＊＊

　新規買い、売りポジション、そしてその決済までできましたよ。思
っていたより簡単だな、と思っていただけたら成功です！
　では、もう一度プログラムで見てみましょう。

```
inputs:
        BollingerPrice( Close ),
        TestPriceLBand( Close ),  ←この行は使わないため、削除しても良い。

        Length( 20 ),
        NumDevsDn( 2 ) ;

BollingerBand( BollingerPrice, Length, -NumDevsDn ) ;

if close cross under BollingerBand( BollingerPrice, Length, -NumDevsDn )
and time >= 845 and time <= 1430 then sellshort this bar on close;

if time = 1500 then buytocover this bar on close;|
```

　どうですか？　このプログラムをいままでの知識で、行数を少なく

することはできそうですか？　ヒントは、「機能性と利便性はないけ
れど、同じ意味のプログラムである」ということ。

　答えはこうです。

```
if close cross under BollingerBand(Close,20,-2)
and time >= 845 and time <= 1430 then sellshort this bar on close;

if time - 1500 then buytocover this bar on close;
```

　どこが変わったか分かりますよね？　ぐっと短くなりましたが同じ
意味です。

　このプログラムでも十分なのですが、先のプログラムならば目標と
していたパラメータの最適化を行うことができるため、機能性と利便
性があるプログラムをご紹介しました。最初から使うパラメータが決
まっているならば、このようにたった3行で記述することができます。

　では、本格的な練習に入る前に、初期の段階でよく質問される内容
について補足しておきます。

＊＊＊＊＊＊＊＊＊＊＊＊【FAQ】＊＊＊＊＊＊＊＊＊＊＊＊＊
Q.プログラミングの改行ってどこですれば良いの？
A.単語ベースならどこで区切っても大丈夫です。

```
if
close
cross under BollingerBand(Close,20,-2)
and time >= 845 and time <= 1430
then sellshort this bar on close;
```

こんな感じでもコンパイルは通ります。

Q. 大文字と小文字は区別する？

A. 大文字もしくは小文字で必ず書かないとダメですか、ということですね。

ここまでで言うと、BollingerBand などの関数はあらかじめ定義されているものなので区別は必要です。if とか then などは、If や IF、Then など記述の決まりはありません。

それ以外も区別しないものが多いのですが、大文字・小文字の区別を覚える必要はありません。エディタで記述する際には、予測変換で出てきますので、安心してください。

Q. プログラムは半角英数で書くのが絶対？

A. はい。全角英数字や、日本語は使えません。

Q. スペースの決まりはある？

A. ありません。単語ごとに半角１つ空いていれば問題ありません。

Q. エディタにプログラムが記述できない。突然、タイピングができなくなりました。

A. 一番、多い質問です。全角入力になっていませんか？　半角入力に変更していただくか、一度エディタを閉じて、再度エディタを起動してから記述してみてください。

Q. 英語を覚えないといけないですか？　ボリンジャーバンドのスペルも怪しいのですが・・・。

A. 予測変換機能があるので覚える必要はありません。不安にさせてしまったら、すみません。ワードの記述はコピペでいいと思いますが、手打ちする場合は「bo」とタイプしていただければ、予測変換の一番上に「BollingerBand」が出てきますのでご安心ください。

Q. プログラムを読めるとはどういう意味ですか？

A. アプローチの方法が重要という意味が前提になります。プログラムを上から順に読んでいくのではなく、投資の知識で把握（理解）できるところから読んでほしいという意味です。

プログラムは、上から下に向かって読む必要はありません。例えばボリンジャーバンドなら、そのボリンジャーバンドを投資の知識でイメージできる「関数」を見つけて、読んで（把握して）いくという意味です。

Q. プログラムの終わりにセミコロンをつけないとどうなりますか？

A. エラーになります。セミコロンはここで終わりという日本語の文章でいうところの「。」です。そのため、「ここでいったん、プログラムは終わっています」と表現する必要があります。

Q. 質問ではないのですが、細かいところが気になります。

A. そのお気持ち、理解できます。ただその前に、ここまで、コピペでシステムは構築できましたか？

できた場合 ⇒ なぜできたかを考えてみてください。著者が良かったとか西村が良かったとか・・・。

できなかった場合 ⇒ なぜできなかったのか、こちらのほうが重要です。初めてなのですからできなくて当たり前。ただ、しっかり考えてみることが重要です。

まずは、できなかったことだけに集中していただければと存じます。

＊＊＊＊＊＊＊＊＊＊＊＊＊＊＊＊＊＊＊＊＊＊＊＊＊＊＊

　なお、これまでの事例はあくまでプログラムの記述方法の流れを紹介したもので、利益確定やロスカットは考慮していませんのでご注意ください。

○反対売買

　では、「ストラテジーをコピペで作成　事例（2）」で作成した「Bollinger Test」に、売り戦略と逆の条件で「買い戦略のストラテジーをコピペで構築」していきましょう。

　先ほどの条件は「8時45分〜14時30分までの間で、直近の終値が、−2シグマのボリンジャーバンドを上から下に割り込んだら売り建て。15時にエグジットする」でしたね。

　条件が反対になりますので、「8時45分〜14時30分までの間で、直近の終値が、＋2シグマのボリンジャーバンドを下から上に抜けたら買い建て。15時にエグジットする」。

　そこで再度、完成した売り戦略のエントリーとエグジットのプログラムを確認してみましょう。買い戦略に変更するためにはどこを変更するかわかりますか？

```
if close cross under BollingerBand( BollingerPrice,
Length, -NumDevsDn ) and time >= 845 and time <= 1430
then sellshort this bar on close;

if time = 1500 then buytocover this bar on close;
```

下線を引いた日本語に該当する部分を変更すればよいですね。

```
if close cross over BollingerBand( BollingerPrice,
Length, NumDevsDn ) and time >= 845 and time <= 1430
then buy this bar on close;

if time = 1500 then sell this bar on close;
```

どこを変えればよいか分かっていれば、そのプログラムをコピペで効率よく構築していけることがお分かりいただけたのではないでしょうか。

では 14 と 16 行目に記述して、コンパイルをしてみましょう。

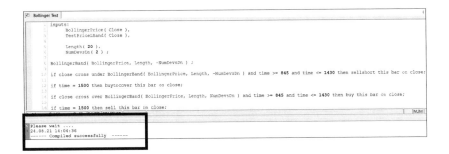

ポイントは対となる単語。それさえイメージできれば、変更箇所はすぐに見つけられますよ。

・sellshort ⇒ buy

・buytocover ⇒ sell

・-NumDevsDn ⇒ NumDevsDn

・cross under ⇒ cross over

では次に、構築したストラテジー「Bollinger Test」をチャートに取り込んでみましょう。

ストラテジーをチャートに取り込んでみよう

　ここでは、日本 225 株価指数で事例を見ていきます。デモ口座の方
は、ダウンロードデータのデータをご利用ください。データフィード
の設定は、ご紹介したマルチチャート特設サイトに掲載されています。

１）日本 225 株価指数（JP225.I）のチャートを開く
「Insert」→「Signal」をクリックします。

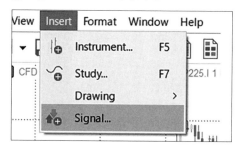

２）「Bollinger Test」を選択し、OK をクリック
新規作成し保存したストラテジーは Signal リストに追加されます。

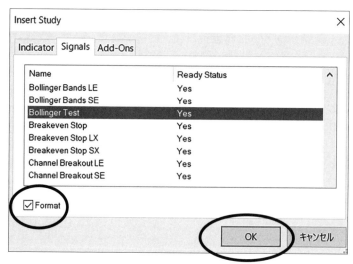

3）「Properties」をクリック

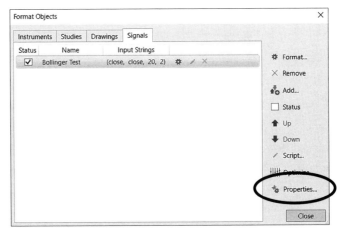

4）「Maximum number of bars study will reference」欄に最低限必要なバー数を入力

このストラテジーが動くために最低限必要なバー数です。今回はボリンジャーバンドの計算期間を 20 にしていますので、最低限 20 以上にしましょう。「OK」をクリックすると、再度、手順3のウィンドウに戻りますので、最後に「Close」をクリックすれば OK です。

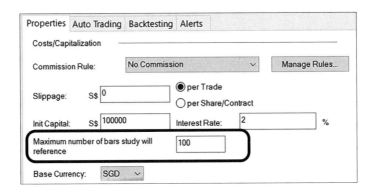

※なお（後述する）最適化のためには、上図では 100 にしているよう

に、少し長い期間を入れておくと便利です。

　下図のように、チャート上に売買シグナルが表示されれば成功です。

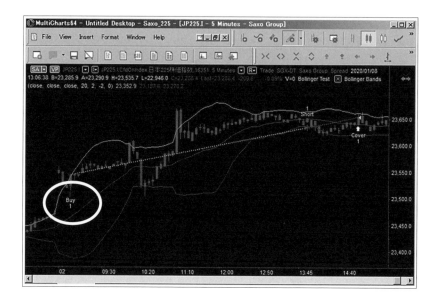

　最後に、バックテスト結果であるパフォーマンスを見てみましょう。

最適化してみよう

○バックテスト

1）「View」から一番下の「Strategy Performance Report」を選択。
なお表示されていない場合には、一番下の▼をクリックしてください。

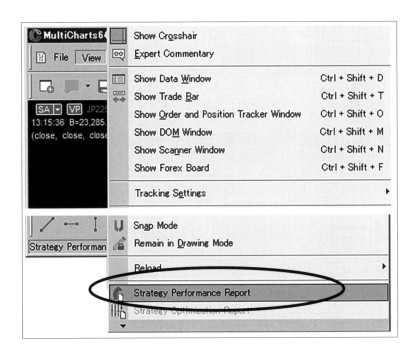

2）資産曲線を確認

左側の「Strategy Analysis」→「Equity Curve Close To Close」を選択。

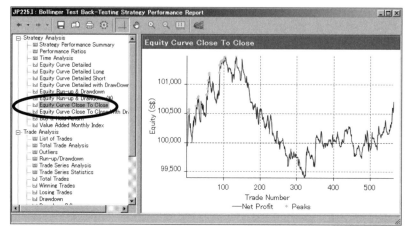

※チャート表示期間は、2018年12月1日から2020年1月8日まで

　上図を見ると、パフォーマンスは良くないですね。後述する最適化
やフィルター（追加ルール）でパフォーマンスが向上するかを確認し
てみましょう。

最適化って何？

　では、Bollinger Test ストラテジーのパラメータを最適化してみま
しょう。

　改めて「Bollinger Test」のプログラムを確認します。先にもお話
ししたように Inputs の数値は最適化により「最適な値」を導き出す
ことが可能になります。

```
inputs:

        BollingerPrice( Close ),

        TestPriceLBand( Close ),


        Length( 20 ),

        NumDevsDn( 2 ) ;


BollingerBand( BollingerPrice, Length, -NumDevsDn ) ;


if close cross under BollingerBand( BollingerPrice, Length, -NumDevsDn )

and time >= 845 and time <= 1430 then sellshort this bar on close;


if time = 1500 then buytocover this bar on close;
```

　そもそも最適化ってどういうことを言うのでしょうか。「最適化
（Optimization）」とは、最適（ベスト）な状態に近づけることをいう
と思います。

　関数の定義もそうですが、定義付けって難しいですよね。この場合
の最適化とは「関数のパラメータを最適値にする」こと。例えば、ボ
リンジャーバンドの初期値は 20 期間でしたが、20 期間が最適値であ
るかは、わかりません。そこで、その 20 期間が**最適値か否かを検証
する**ことができます。

○最適化とは？

　20 期間が最適値であるとは、**何をベースに最適値と考えるかです
が、それは皆さんが何を重視するか次第**です。例えば「3 年間で総損
益が最も多い期間の最適値を求めること」を重視した場合、その時の
最適値を求めたところ20 ではなく50 だった、というように自動で計
算してくれるのです。手動で行うと数時間、へたすれば 1 日かかると
ころを、数分で最適値を求めることができます。

　ごちゃごちゃ言わずにひとことで言うなら、「パラメータの最適値

を求めることを**最適化**」と言います。

　最適化を行っていく前に、最適化を行えるプログラムについて説明していきたいと思います。先のページのプログラムと下記のプログラムはどちらも同じ意味でしたね。

```
if close cross under BollingerBand(Close,20,-2)
and time >= 845 and time <= 1430 then sellshort this bar on close;

if time - 1500 then buytocover this bar on close;
```

　この2つは、「機能性と利便性が違う」と押しつけてお伝えしたのを思い出してください。ではこのプログラム、どこが一番違うと思いますか？

　冒頭の inputs が、あるかないか。そしてそれに伴って、関数の（　　）の中の書き方が違いますよね。

　そうです。結論は……

・inputs が<u>ある</u> → プログラムは最適化が行<u>える</u>
・inputs が<u>ない</u> → プログラムは最適化が行<u>えない</u>

　最適化は一言で表すなら、パラメータの最適値を求めることでした。**最適値を求める場合、その数値が定数では最適値を求めることができません。**

　「定数」とは値が変化しない、定まっているものだと思っていただいてよいでしょう。ならば定数の対義語は？　そうです。「変数」ですね。変数は値が変化するものです。

　さて何をお伝えしたいかと言いますと、先のプログラムの BollingerBand 関数の（　　）の中を見てください。

・inputs がある記述

```
BollingerBand( BollingerPrice, Length, -NumDevsDn )
```

・inputs がない記述

```
BollingerBand(Close,20,-2)
```

　inputs がないプログラムの方は、定まっている値で記述していますね。つまり定数であり、値が変化しないため最適化を行うことはできないのです。最適化するためには、定まっていない値である変数で記述する必要があります。

　inputs があるプログラムの関数の（　）の中、これが変数？　そう変数です。一次関数でイメージしますと、x とか y とかと理解は同じです。余計に混乱してしまうでしょうか。

　ここでは定数ではないから変数だ、と考えれば OK です。そして、変数だから最適化である最適値を求めることができる、と結論づけていただけたらと思います。

inputs があるプログラムは変数だから最適化が行える
　⇒ 値を変化することができる記述方法だから、最適化が行える

inputs がないプログラムは定数だから最適化が行えない
　⇒ 値を変化することができない記述方法だから、最適化が行えない

　少しモヤモヤするかもしれませんが、逆説的に押さえていただければと思います。モヤモヤを振り払いたいという方だけ、以下をお読みください。

○数字に見えない "変数" と宣言
　inputs を直訳しますと『入力』という意味です。インディケータの

パラメータを入力する画面をご紹介した際に「Inputs」が登場していましたね。実はこれ、プログラムと連動しています。連動しているとは、プログラムでinputsと宣言して記述していないプログラムの場合、この画面には何も出てきません。つまりプログラム中にinputsと宣言すると、設定画面で入力することもできるようになります。

設定画面のInputsは、プログラムのinputsと連動しています。

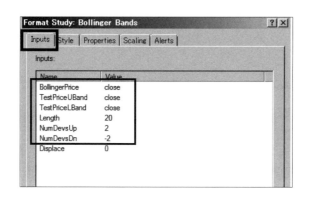

でも、皆さんが気になっているのはそんなことではないですよね。変数とは何かを知っている。inputsの意味もまあなんとなく分かった。問題は、関数の（　）の中が文字、例えばLengthという「文字なのに、これが変"数"なのか」という疑問ですよね？　ごもっともの疑問です。ただし、約束してください。これから説明させていただきますが、ご理解できなくても、立ち止まらずに先に進んでください。

inputsで宣言されているものは、エディタを開かず設定画面から入力・変更することが可能になるらしい。ということは覚えていただけると、非常に役にたつ知識です。

さて、文字なのになぜ変数なのかを説明させていただく前にもう一度、BollingerBand（価格、期間、標準偏差）関数を思い出してください。

理解するためのキーワードは『**宣言**』です。

いままでしれーっと宣言という言葉を使ってきました。宣言という

なにげない言葉ですが、プログラミングの世界では少し重要で意味のあるワードだったりします。

　プログラミングで宣言するためには、識別子を付けて値などを入れる箱を用意する必要があります。

　「先生！　まったくイメージできません！」

　すみません。はい。専門色が強くなりました。一つずつ、解説していきます。

　「**識別子**」とは、識別するための名前です。何を識別するかは無視してください。ここではむしろ、プログラミングにおいての識別子ではなく、この言葉自体がもつ意味をイメージできることが大切です。その意味とは「集団に属する"ある特定のもの"を区別する」ため。一言で言うなら、**識別子とはほかのものと区別するための名前**です。

　では、なぜ名前をつけるのか。皆さんの前に 10 人の男性がいると想像してください。10 人のうち、誰か特定のひとりを呼びたい場合、『ねぇねぇあなた』では誰か不明で、どうしますかっていうお話です。

　○○さーんと特定して呼べば、その人だけ呼びだすことができますよね。プログラムでも、呼びだすためには名前をつける必要があるんです。

　基礎の基礎でお話させていただきましたが、プログラミングとは、指示（命令）することでした。お忘れなきように。そのため、指示（命令）するためにも名前をつけて特定する必要があります。

○命名と宣言

　今回の例では、お仕事として「ボリンジャーバンドの期間を管理」してもらう責任者として Length さんを任命したいので、（　）の左から 2 番目にいてもらいます。

```
BollingerBand( BollingerPrice, Length, -NumDevsDn )
```

Length さんに管理させる期間の値は好きな値をもたせてあげることができます。つまり、**皆さんの命令次第で、値を変更することができる**。ここ、ポイントです。

　皆さんの「命令次第で、好きな値に変更することができる」。はい、変化する値、そう！ 変数です。

　プログラム中に inputs で宣言されている値は、設定画面の Inputs 画面から入力して命令することで変更することができます。設定画面から入力して命令ができるのは、inputs で宣言されている変数だからだったのです。Length さんに、20 を入力したら、20 に。30 を入力したら、30 に変更することができる。文字なのに変数ということが不自然ではなくなりましたか？

　名前が付いていないため、定数は呼び出せない。呼びだせないから、命令ができない。特定の名前（識別子）があるため、変数は呼びだせる。呼びだせるので、命令ができる。疑問は解けましたか？

　プログラムの世界では、名前をつけると呼び出して命令ができ、その命令どおりの仕事をしてもらいます。命令次第で、いろいろな値を持つことができるので、変数と言えます。そして、命令できる変数は変わることができるので、最適値を求める最適化ができるというわけです。

　プログラムの世界は命令が絶対なので、その命令に忠実に従わなければなりません。

　ここまでの内容をまとめましょう。

・関数のパラメータに名前をつけることで命令できる

・命令次第の値に変更できるため、変数と言う

・変数だから、最適化ができる

　せっかくなので、最後にもう一つ付け加えたいお話があります。プログラミングの世界では Length さんがたくさんでてきます。もう一

度プログラムをみてみましょう。どれが本物（オリジナル）で、どれがコピーか分かりますか？

```
inputs:
        BollingerPrice( Close ),
        TestPriceLBand( Close ),

        Length( 20 ),        (A)
        NumDevsDn( 2 ) ;
                              (B)
BollingerBand( BollingerPrice, Length, -NumDevsDn ) ;
                                                    (C)
if close cross under BollingerBand( BollingerPrice, Length, -NumDevsDn )
and time >= 845 and time <= 1430 then sellshort this bar on close;

if time = 1500 then buytocover this bar on close;
```

　3箇所のLengthさん。どれが本物だと思いましたか？　また、なぜそれが本物だと思ったんでしょうか？

　正解は、inputsの中に登場する（A）のLengthさんです。理由は**本物だけが初期値を持っているから**です。**初期値**とは、最初にもってもらう値のことです。なんとなく想像はついたかもしれませんが、なぜこのようなお話をしたかは分かりますか？

　宣言というキーワードを説明してきましたが、宣言する場所は決まっていると思いますか？　という話がしたいのですが……。

　なぜあなたは、Lengthさんなのですか？

　なぜ私は西村貴郁なのですか？

　われ思う故に我あり、という哲学的な話ではありません。形式的なお話です。なぜ私は西村貴郁かというと、届出がされているからです。不動産で言えば、登記されているので自分の所有物と断言できます。

　届出をする場所が決まっているように、プログラムでも宣言をする「場所」が決まっているのです。プログラミングの世界では、届出す

る場所の一つが、inputs という場所になります。そこで付いている名前が本物となります。自分が本物のなにがしであるか、身分を証明するために身分証明書を持つように、Length さんの本物は初期値を持ちます。

　では、コピーの Length さんたちは詐欺師のような悪いものなのでしょうか？

　いいえ、違います。文字どおり、コピーなのです。本物と同じお仕事をしてくれる、本物のコピーなのです。プログラミングの世界では、オリジナルのコピーを作ることが可能です。

　変数のお話はいったんここまでになりますが、理解できなくても先に進んでください、という約束を思い出してくださいね。

　それでは最適化の話に戻りましょう。

パラメータを最適化してみよう！

　本編では、ストラテジーの最適化の基本手順をご紹介します。

1）Bollinger Test ストラテジーの表示されたマルチチャートで、「Format」→「Signal」をクリック

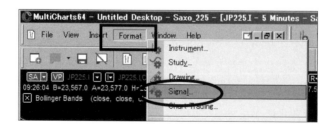

2）「Format Objects」ウィンドウの「Optimize…」（最適化）をクリック

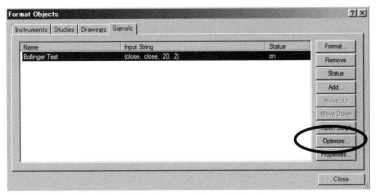

3）「Optimization Settings」→「Regular Optimization」をクリック
最適化は３種類用意されていますが、もっとも一般的である Regular
Optimization を選択します。初期設定で「Regular Optimization」が
選択されていますので、「Next」をクリックするだけでも構いません。

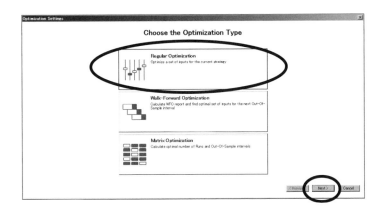

ここでは、最も基本的な最適化の方法をご説明します。

4）「Set Optimizable Inputs」の設定

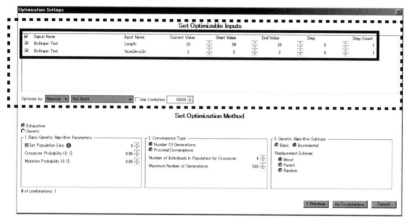

　ここでは、最適化を行うために重要な、内側の囲み欄をご紹介します。重要な箇所を、左側から説明します。

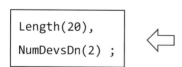

・Input Name：Bollinger Test ストラテジーのプログラム内にある
　Inputs で表示した Length と NumDevsDn が表示されています。

```
inputs:
    BollingerPrice(Close),
    TestPriceLBand(Close),

    Length(20),
    NumDevsDn(2) ;
```

⇐

・Current Value：それぞれの現在の設定値が表示されます。現在の
　設定値は、Length が 20、NumDevsDn が 2 になっています。

・Start Value と EndValue：最適化を行う際の検証数値の範囲を指定
します。
・Step：最適化を行う際に、いくつずつ値を変化させるかを指定しま
す。

次に、内側の囲みの一番左の項目を見てください。

☑	Signal Name	Input Name
☑	Bollinger Test	Length
☑	Bollinger Test	NumDevsDn

□ボックス内にチェックマークが入っています。このチェックマー
クが入っているものが、最適化の対象になります。
　上記の説明では分かりにくいと思いますので、具体的に各設定を行
ってみましょう。
　ここでは、Length（ボリンジャーバンドのもとの移動平均の値）
を最適化してみましょう。

1）最適化を行わない NumDevsDn（標準偏差）のチェックマーク
を外す
NumDevsDn 左の「Bonllinger Test」のチェックボックスをクリッ
クするだけ。

☑	Signal Name	Input Name
☑	Bollinger Test	Length
☐	Bollinger Test	NumDevsDn

2）Length の最適化を行うために Start value と End Value を決める
Start value、End Value のそれぞれの右側にあるボックスを上下させ
て変更します。

Input Name	Current Value		Start Value		End Value		Step	
Length	20	⌃⌄	20	⌃⌄	20	⌃⌄	0	⌃⌄
NumDevsDn	2	⌃⌄	2	⌃⌄	2	⌃⌄	0	⌃⌄

今回は、10 〜 60 で検証してみましょう（なお、検証する数値が多く
なるほど、最適化終了までの時間がかかります）。

Start Value		End Value	
10	⌃⌄	60	⌃⌄
2	⌃⌄	2	⌃⌄

3）10 〜 60 までの値を、いくつずつ変化させるかを Step で決める
今回の検証では 1 ずつ変化させてみましょう。値は Start value、End
Value と同じように変更できます。

Step	
1	⌃⌄
0	⌃⌄

　これで、最適化の準備は終了しました。
　最後にウィンドウの右下にある「Optimize 51 Combinations」をク
リックします。Length を 10 から 60 まで 1 ずつ検証していくので、
51 パターンになります。

　最適化中の画面が表示されます。完了するまで待ちます。

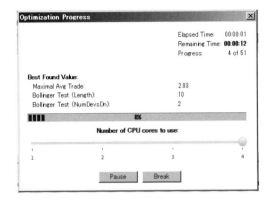

最適化の結果が表示されました！

　膨大な結果（Optimization Report）が表示されました。さらに、この中から、どのパラメータを選択するかを決めていきます。決め方は色々あると思いますが、一例を示します。

1）「Optimization Report」の左上にある歯車マーク（Settings）を
クリック

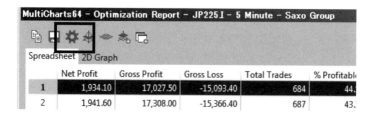

2）「Spreadsheet View Settings」ウィンドウから表示設定を絞る
現在、全てのパフォーマンス指標がOptimization Reportに表示され
る設定になっている（チェックマークが入っているものが対象）ので、
それを絞ります。まず、「Clear All」をクリックして全てのチェック
マークを外します。

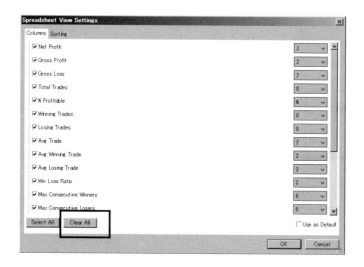

3）表示させたい項目を選ぶ
お好みのパフォーマンス指標を選んでください。今回は、Avg Trade
（1トレード当たりの平均損益）、Profit Factor（プロフィットファク

ター）、Length（検証したパラメータ）の3つにチェックマークを入れ、OKをクリックします。

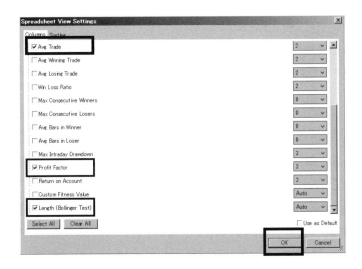

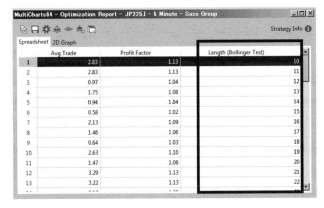

　今度は、すっきりしたレポートが表示されました。一番右側に、今回検証したパラメータが10から60まで表示され、それぞれのAvg TradeとProfit Factorが表示されています。

4) どのパラメータが最適値かを確認する

まず、Avg Trade をクリックします。すると、良い順・悪い順に並べ替えができます。Avg Trade から見たベストなパラメータは 50 となりました。

次に、Profit Factor も同じようにしてみます。こちらも、ベストなパラメータは 50 になりました。

今回の検証結果では、Length の値は「50」が最適値であることが分かりました。これをストラテジーに当てはめてみましょう。なおパラメータの変更は、「インディケータをチャートに適用する方法（手順3）」を参照してください。設定した結果を下記に示します。

最後に、OK をクリックすることを忘れずに！

パフォーマンス（資産曲線）は次ページのとおりです。

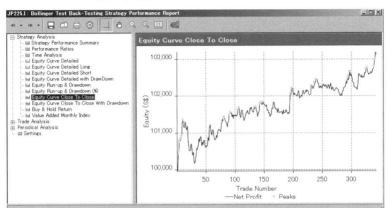

そして、チャートは下図のとおり。

　チャートに表示されたボリンジャーバンドはインディケータも
Length を 50 に変更することをお忘れなく！

　最適化によって、上図のようにパフォーマンスを改善することが可
能です。しかし、使い方によっては「過剰最適化」になり、それは**将来
には機能しないシステムになっている可能性**もあります。おせっかい
かもしれませんが、システムトレードについてしっかりと勉強し、最

適化の機能を利用してください。

＊＊＊＊＊＊＊＊＊【システムトレードの優位性】＊＊＊＊＊＊＊＊

　本書は最小限のプログラム知識でシステム構築を目標としていますので、システムトレードのなんたるかについては本筋から外れてしまうのですが、私の思うところを簡単にお話させていただきます。

　システムトレードとは、統計学に基づいてエッジを見つけ、そのエッジに再現性があるか否かが非常に重要になります。

　エッジ、すみません。かっこつけました。

　エッジとは「優位性」。統計学的な優位性が、将来に渡っても優位性（繰り返されるか）があるのか否かということです。つまり、過去の勝ちを繰り返し、過去の検証結果を将来のトレードに繋げることができるか否かということです。

　そのコツは・・、ここでは……。イメージで、お許しください。

　例えば、天気予報。天気予報は1週間の予報より明日の予報の方が精度（再現性）が高いですよね。特に技術的な発展により近年は、衛星から送られてくるリアルのデータのデレイ（遅れ）が短縮されたことによって、天気予報の精度が上がりました。

　ここは怒られることを覚悟で言います。誰に？　・・・メタトレーダーを使っている人たち、ですかね。

　再現性を実現するためには過去のデータを検証して、統計学的にどうこうと把握することはもちろんのこと、リアルのデータも、可能であれば1分以内のデータを使える方が良い。

　天気もマーケットも一瞬で変わります。変わらない場所を好んで投資をしている人も、変わる場所を好んで投資をしている人もいるでしょう。

　私は変わらない場所を好んで投資をしている方です。ですが、誤解してほしくないのですが、変わる場所を好んで投資をしている人を否

定はしているわけではありません。

　統計学がどうしたら通用するのか。

　リアルデータをどう活用するのか。

　他にも優位性と再現性を高めるポイントはありますが……。

　統計学を考えた場合、サンプル数が多くないといけないという前提条件があります。

　本当にそうでしょうか。投資においても天気や医療と同じことが言えるのでしょうか、ということだけ。

　1年間で100回エントリーして60％勝っているストラテジーがあったとします。また、1年間で1回のエントリーで100％勝っているストラテジーがあります。どちらが、統計学的に正しいでしょうか。

　普通に考えれば100回のストラテジーです。ですが、投資の世界では時としてその答えは、1回となります。生き残ることを考えた場合。

　伝説のシステムトレーダーが私にこう言いました。

　「でも西村くん、そんなストラテジー使わないでしょ？」

　1年に1回のストラテジーなんて。どこが統計学と再現性だよと思いましたが、金融における統計学とは？というお話でした。

　本書の主旨に戻ります。

　「おい、終わるのかよ」でた、急に自分都合。

　ですが、この話ってシステムトレードを考えるには良い要素だと思っています。

＊＊＊＊＊＊＊＊＊＊＊＊＊＊＊＊＊＊＊＊＊＊＊＊＊＊＊＊＊＊

フィルターを入れてトレードをもう少し厳選してみよう！

　ストラテジーのパフォーマンスを改善させるために、追加ルールを

検討してみましょう。追加ルールは様々に考えることができますが、今回は下記のようなことを考えてみます。

○トレンドのフィルター追加〜基本思考〜

「Bollinger Test ストラテジーは、上方バンド（＋2シグマ）を上に抜けたら新規の買い建て、下方バンド（−2シグマ）を下に抜けたら新規の売り建て」という戦略で、いわゆるボリンジャーバンドのブレイクアウトと呼ばれたりする戦略です。

よって、ロングの場合はマーケットに上方（アップ）トレンドが出ている方が勝ちやすく、ショートの場合は下方（ダウン）トレンドが出ている方が勝ちやすい、ということはイメージできると思います。

そこで、マーケットの状態がアップトレンドと判定できればBollinger Test のロングを行い、ダウントレンドと判定できたらBollinger Test のショートを行うルールを考えてみます。

トレンドの把握も様々な方法がありますが、今回は下記のように移動平均線を使って判定してみます。

・アップトレンド：短期移動平均線が長期移動平均線よりも上にある
　＝短期移動平均線 ＞ 長期移動平均線
・ダウントレンド：短期移動平均線が長期移動平均線よりも下にある
　＝短期移動平均線 ＜ 長期移動平均線

ここまでは特に問題ありませんね。

さて Bollinger Test では、ボリンジャーバンドの計算元である移動平均線を、前述の最適化により「50」としました。ここでは、これを長期移動平均線のパラメータとしてみます。

では短期の移動平均線は？　短期の移動平均線のパラメータは、再び最適化により決定してみようと思います。

　移動平均のプログラムはどのように記述するか覚えていますか、いろいろ記述方法がありましたが、ここで思い出していただきたいのは関数で記述する場合です。

　さらっとご紹介させていただいただけですので、お忘れかと思いますが、下記のとおりとなります。ご確認ください。

移動平均線＝ Average（価格、期間）

　なお、ボリンジャーバンドの計算元である移動平均線が「単純移動平均線」なので、これに合わせてフィルターで利用する移動平均線も「単純移動平均線」にします。また、ボリンジャーバンドの計算では、利用した価格は Close を使いました。よって、フィルターに追加する単純移動平均も Close を使って計算します。

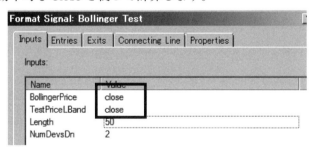

　いったん、ここまでを整理してみましょう。

・アップトレンド
　　短期移動平均線 ＞ 長期移動平均線（パラメータは 50）
　　→　Average（Close, 期間）＞ Average（Close, 50）
・ダウントレンド
　　短期移動平均線 ＜ 長期移動平均線（パラメータは 50）
　　→　Average（Close, 期間）＜ Average（Close, 50）

決まっていないのは短期移動平均線のパラメータでしたね。これは最適化によって決定します。

　それでは、最適化を行う前にプログラムに追加ルールを入れてみましょう。「コピペで作成ストラテジー」で学んだことを思い出しながら、行ってみましょう。なお、すぐに答えを見る前に頭の中でまとめてくださいね。

　作業の流れをまとめますので、理解の参考にしてください。

売買条件の確認　　記述箇所はif と then との間

呪文の登場。

『if と then との間には、<u>売買条件</u>。then の後はアクション。アクションの後は、いついくら。』

売買条件の追加　　条件ごとにandでつなぐ

必須の条件が複数あるときは and を使う。いずれかの条件を満たした時であれば or を、優先順位がある場合は（　）を使用すること。

最適化の考慮　　inputsがあるプログラムを使う

最適化を行うためには、変数を使ったプログラムが必須。

名前をつける　　固有の名前を与えて命令する

命令するために名前をつける。すでにある名前はつけられない。他のものと区別しやすく分かりやすい名前がよい。機能が同じ場合は名前の後に連番で数字をつけていくとわかりやすい。

例）Length や Length2 など

フィルター追加　　移動平均線の期間を管理するように命令する

終値ベースの移動平均線を設定する。例）Average（Close, Length2）

| 初期値の追加 | inputs内で設定する変数の初期値を決める |

初期値とは最初に持たせる値で、inputs は届出をする場所。言い換えると inputs の中に登場する本体のワードだけが持てるのが初期値。

例）Length2(20)

| 条件のまとめ | 売買条件のまとめ |

フィルター内容の記述

例）and Average(Close,**Length2**) > Average(Close,Length)

例）and Average(Close,**Length2**) < Average(Close,Length)

　いかがでしたか？　やっていくうちに慣れていきますので、安心してくださいね。

○トレンドのフィルター追加〜応用的思考〜

　さてこれからお話する手順は、理解の順番とは異なります。理解の順番の方が重要ですので、まずはそちらを必ず優先してください。

　その後に、これからご紹介する手順を読んでください。

　では、フィルターを入れる前の「Bolliger Test」のプログラムを再確認してみましょう。

```
inputs:
     BollingerPrice( Close ),
     TestPriceLBand( Close ),

     Length( 20 ),
     NumDevsDn( 2 ) ;

BollingerBand( BollingerPrice, Length, -NumDevsDn ) ;

if close cross under BollingerBand( BollingerPrice, Length, -NumDevsDn ) and time >= 845 and time <= 1430
then sellshort this bar on close;

if time = 1500 then buytocover this bar on close;

if close cross over BollingerBand( BollingerPrice, Length, NumDevsDn ) and time >= 845 and time <= 1430
then buy this bar on close;

if time = 1500 then sell this bar on close;
```

　ここにフィルターとなる「移動平均線ルール（売買条件）」を追加

します。

・移動平均線ルールのフィルター追加

1）短期移動平均線のパラメータを最適化するために、inputs 内に
「Length2」を加える。

すでに Length はボリンジャーバンドで使っていますので、新たに
Length2 のようにお好きな名前を設けて同じにならないようにします。書き込む場所は inputs 内のどこでも構いませんが、分かりやすいように Length と NumDevsDn の間に入れてみます。下記のように入力してみてください。

```
inputs:
    BollingerPrice( Close ),
    TestPriceLBand( Close ),

    Length(20),
    Length2(10),  ←※
    NumDevsDn(2) ;
```

※（ ）内の数値は初期値（最適化によって変わる）なので、10 以外の数値でも構いません。

2）短期移動平均線と長期移動平均線の比較を、ルールの中に加える。

・新規の買い建て
```
    and Average(close,Length) < Average(close,Length2)
```
　　（長期移動平均線）　　　　　（短期移動平均線）

128

・新規の売り建て
　　and Average(close,Length) > Average(close,**Length2**)
　　　　（長期移動平均線）　　　　　（短期移動平均線）

　書き加える場所は、and time >= 845 and time <= 1430 の後に入れ
てみましょう。では、先ほどのプログラムに追記していきます。下線
部に注目してください。なお記述後は、コンパイルを忘れずに行って
ください。

```
inputs:
        BollingerPrice( Close ),
        TestPriceLBand( Close ),

        Length( 20 ),
        Length2( 10 ),
        NumDevsDn( 2 ) ;

BollingerBand( BollingerPrice, Length, -NumDevsDn ) ;

if close cross under BollingerBand( BollingerPrice, Length, -NumDevsDn )
and time >= 845 and time <= 1430
and Average(close,Length) > Average(close,Length2)  then sellshort this
bar on close;

if time = 1500 then buytocover this bar on close;

if close cross over BollingerBand( BollingerPrice, Length, NumDevsDn )
and time >= 845 and time <= 1430
and Average(close,Length) < Average(close,Length2)  then buy this bar on
close;
```

・**最適化**

　では未確定だった、短期移動平均線のパラメータを最適化によって
決定していきます。

　具体的な手順は、112ページからの「パラメータを最適化してみよ
う！」の、手順1〜3を参照してください。手順4から下記で続けます。

　短期移動平均線のパラメータは Length2 としましたね。そこで、
上図の囲み部分の最適化のみを行います。ちなみに、Length は 50 に
なっていることを再度確認してください。

　最適化の設定確認事項は、

・Length2 のみ一番左の□にチェックマークが入っている

・Start Value は、適当に（3 から始めてみる）

・End Value は、長期移動平均線の 50 より短くする（40 としてみる）

・Step は、1 ずつ

　以上の設定を終えると、下図のようになります。

　では、最適化を行います。右下の「Optimize 31 Combinations」を
クリックします。

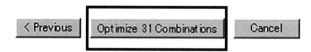

（最適化結果）

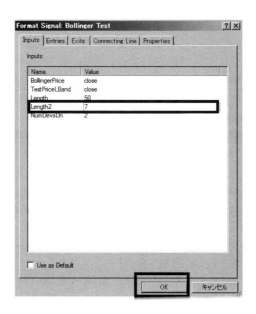

　今回も Avg Trade と Profit Factor から最適値を導き出したところ、最適値は7という結果になりました。そこで、ストラテジーの短期移動平均線のパラメータ（Length2）を7に変更します。

システムのパフォーマンス（資産曲線）

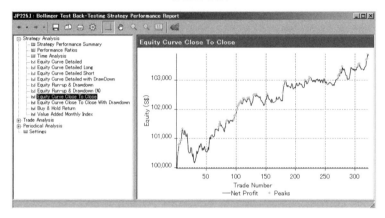

項目	概要
累計損益	総利益 − 総損失 ＝ 累計損益 全検証期間で得られた最終取引日における純損益
総トレード回数	勝ちトレードの回数 ＋負けトレードの回数 ＝ 総トレード回数
勝率	勝ちトレード ÷総トレード回数 ＝ 勝率
最大利益 （最大損失）	すべてのトレードのうち、最も勝ったトレード （または負けトレード）の額
平均損益	累計損益 ÷ 総トレード回数 ＝ 平均損益
平均損益率	平均利益 ÷ 平均損失 ＝ 平均損益率 平均勝ちトレード額が平均負けトレード額の何倍かを示す
勝ち（負け）トレードの最大連続数	最大連続勝ちトレードと最大連続負けトレードの回数
最大日中 ドローダウン	日中の最大含み損がいくらかを示す
プロフィット・ ファクター	総利益 ÷ 総損失 ＝ プロフィットファクター 総収益を総損失で割ることで計算される。その値は1円の損 失に対していくらの利益を上げることができたかを示す

　などなど最適化で優先するものは多々あると思いますが、ここでは
参考までに。

　以上、ボリンジャーバンドをベースにシンプルな例で、かつできる限り有用な例を通してコピペでシステム構築を軸に、その後の最適化、フィルターの一例をご紹介させていただきました。

　プログラムが初めての方には、少し難しい部分もあったかもしれません。どんなガチガチのシステムトレーダーでも、最初はみんな初心者です。安心して一歩ずつ、慣れていってください。

　本書が一番の目的としたことは、コピペで安心安全なシステムを構築。しかも、ここで得た財産はなくなりません。メタトレーダーの次のリリースがあるかは不明ですが、せっかく覚えたのに言語が変わる、かなしいお話です。

　マルチチャートでは安心安全のたった1行の関数を投資の知識から理解することで、300種類のインディケータをストラテジー化することが可能です。

　いろいろ条件をプラスしましたが、プラスすることも同じ発想だとイメージしていただけたのではないでしょうか。

　システムの構築はコピペ。プログラムの知識は最低限の最低限。重要なのは投資の知識。なぜならプログラムが目的ではなく、投資で勝つためですから。

　関数の1行を使用してコピペでシステム構築。できれば、最適化もしたいから欲ばった、といったところでしょうか。

　ここ数年、子供の習い事ランキングベスト10にプログラミングが入るようになりましたので、若い世代には認知度や関心は広まったのではないかと思います。が、本書をきっかけにプログラミングには縁がなかった方々にも関心を寄せていただければと願っています。

第
3
章

プログラムを
構成する要素

- 時間の概念

- トレード用語をプログラム言語に
  してみよう

- プログラム記述を確認しよう

- 最重要！ と言っても過言ではない
  「変数」

時間の概念

　基本的な３種類のプログラムをもう一度、簡単にご紹介しつつ、まとめていきたいと思います。３種類とは、「インディケータ」「ストラテジー」「関数」です。

○プログラムの基本の３種
　インディケータとは、テクニカル分析などの指標のことです。ボリンジャーバンドや移動平均、RSI、MACDといったテクニカル分析指標をチャート上に描画したい場合には、この「indicator」のプログラムで作成します。インディケータはチャート上に移動平均線のように連続した線や、出来高のようなヒストグラム、点などの表示方法が可能です。また、ボリンジャーバンドのように、チャート内のある領域を様々な色で塗りつぶすことも可能です。

　ストラテジーとは、投資戦略システムを構築するためのものです。このプログラムタイプは売買指示を行なうことができ、自動で売買するシステムを構築できます。チャート上で、投資戦略の条件に合致した場所には矢印を表示させることができます。また、過去数年間の運用成績を簡単に検証することができるバックテスト機能も利用できます。24時間、コンピューターに相場を監視させる完全な自動売買環境を手に入れることができ、これこそ自動売買機能搭載型システムトレード開発ツールの醍醐味といえます。

　関数はエディタ上、濃い紫色。関数のイメージはガチャガチャ。何かを入れるとそれを処理して何かが返ってくることでしたが、もう少し具体的に説明していきます。関数とは、他のプログラムから頻繁に呼ばれる機能を詰め込んだ箱のようなものです。特定の計算機能をパッケージしたものと考えてください。

○プログラムが実行されるタイミング

　さて皆さんは、プログラムがいつ動くかご存じでしょうか？　この話は非常に重要ですよ。動くという表現でもよいとは思うのですが、もう少し厳密な話をするために「実行」という単語で説明したいと思います。

　プログラムが実行されるイメージは、プログラムが計算したり、描画したり、発注したり、売買条件を判定したり、などなどをするタイミングのことなのですが、プログラムがいつ実行されるかイメージできますか？

　プログラムは、各バーで一度ずつ実行されます。各バーとは、チャートのバーのことです。チャート上に、1,000 のバーがあれば、1,000回実行されるわけです。皆さんのイメージどおりでしょうか？

　では、もう少し具体的に視覚的にみていきましょう。とその前に、もう一つ質問です。なぜ、プログラムがいつ実行されるかを知ることが重要なのでしょうか？

　為替で考えてみましょう。24 時間のマーケットです。皆さんは日足を使っているとします。プログラムは 1 日に何回実行されますか？実行という言葉が馴染まない方は、監視という言葉からイメージしていただいてもよろしいかと思います。

　日足を使っているなら、プログラムが 1 日に実行されるのは 1 回です。それでは、1 時間足を使っている場合はプログラムは 1 日に何回実行（監視）されていますか？

　正解は・・・・・・24 回。

　つまり、プログラムの実行（監視）頻度は、チャートのバーの時間間隔で決まることが理解できれば満点です。このお話はプログラムと友達になるために、知っておかなくてはいけない非常に重要なことです。では、話を続けましょう。

　30 分足なら、1 日で 48 回です。1 分足なら、1 日だと 1440 回と

なります。

　これを別の角度から考えてみましょう。そうですね、シンプルな例にしましょう。皆さんは日足を使っているとします。「今日の始値より今日の終値の方が高かったら買い」という売買条件があったとします。陽線の時に買いということですね。

　ではもう一度、先ほどと同じ質問をします。

　皆さんが日足を使っている場合、プログラムは１日に何回実行（監視）されますか？

　正解はもちろん１回ですが、プログラムの知識などなくても投資家の皆さんなら当たり前の話ですよね？　では売買条件の終値はいつ確定しますか？　１日の終値はいつ分かりますか？

　売買条件である終値が確定しないと、その日の始値より高いか否かを判断できないため、終値が確定したタイミングでないとプログラムは実行できないということです。

○バーの時間軸について

　では、プログラムが実行（監視）される時間軸についても考えてみましょう。横に直線を引いてみてください。

　矢印の進む方向は右ですよね。これは時間の方向を視覚的にイメージしてくださいというお話。つまり、左が過去で右が未来。

　では、プログラムはどちらからどちらに向かって実行されるのか。そうです。過去から未来に向かって実行。つまり、過去のバーから１回ずつ、未来方向へプログラムは実行されていきます。

○現在を示すカレントバー

　下図のチャートは、30バーから成り立っています。つまり一番左側からプログラムが実行されていきます。現在のプログラム実行位置を、「カレントバー（CurrentBar）」と呼びます。

　カレントバーに対して分析などを実行し、そして次の新しいバーに対して同様の分析を実行します。バーの形成された都度、チャートの左（古いデータ）から右（新しいデータ）へと、すべてのバーに対してプログラムを実行していくわけです。

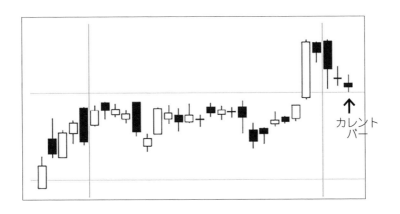

　イメージできましたか？　ここは非常に重要なポイントです。一緒に頭の中を整理していきましょう。

＊＊＊＊＊＊＊＊＊＊＊【理解度チェック】＊＊＊＊＊＊＊＊＊＊＊
□ プログラムが実行されるタイミングは、各バーで一度ずつ
□ プログラムの実行（監視）頻度は、チャートのバーの時間間隔で
決まる
□ プログラムの実行（監視）の時間軸は、左から右に向かって実行（監
視）される
□ カレントバーは、最も新しく形成されたバーである
＊＊＊＊＊＊＊＊＊＊＊＊＊＊＊＊＊＊＊＊＊＊＊＊＊＊

　皆さん、日足をイメージしてください。今日が1月4日だとします。
「カレントバー」は、何月何日の日足ですか？　そうです。1月4日
の日足がカレントバーです。では、日付は5日になりました。カレン
トバーは？　1月5日の日足がカレントバーになりますよね。

・**カレントバーの記述方法**
　カレントバーを意識して始値、高値、安値、終値をプログラム言語
で記述してみましょう。今日は1月5日です。皆さんは日足のチャー
トを使っています。
　正解は下記となります。これまで何度か記述したことがありますね。

始値：Open
高値：High
安値：Low
終値：Close

　では、日にちが過ぎて、6日になりました。5日は過去のバーにな
りました。具体的に、いくつ前の過去のバーでしょう？　カレントバ
ーから一つ前ですね。では、過去の価格はどう記述すればよいでしょ

うか。ここでは、何日前の価格かを記号を使って表現してみましょう。

・過去の記述方法

記号	意味	例
[ ]	過去	前日の終値

　この記号を使って、前日の四本値を記述してみます。記号は半角であること、丸カッコ（　）でないことに注意してください。

一つ前の始値：Open[1]
一つ前の高値：High[1]
一つ前の安値：Low[1]
一つ前の終値：Close[1]

　カレントバーを [　] を使って表現するとどうなるでしょうか。

Open　—　Open[0]
High　—　High[0]
Low　—　Low[0]
Close　—　Close[0]

　記述できましたか？　[　] は過去という意味でしたので、その中に0を入れることで過去じゃない、つまりカレントバーと同じ表現になります。過去の価格の値を使用する場合、カレントバーが常に基準となるということを理解いただければ十分です。
　このカレントバーが[0]という表現は、理解として非常に重要になりますので、お忘れないようお願いします。
　close と close[0] は同じですが、ゼロは省略することができるので、

プログラムで記述する場合は、[0] を省略します。

　では、問題です。「カレントバーから 20 期間」さかのぼった close
はどのように記述するでしょうか。

　カレントバーからカウントしますよね。すなわち、ゼロからカウン
トしますので、20 期間さかのぼるとは？

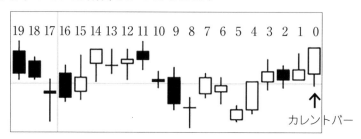

　そうです。下記になります。

close[19]

〇カレントバーの重要性　〜過去の値を呼び出そう〜

　現在と過去のイメージができたでしょうか。過去のバーは**カレント
バーから見て 3 つ前の高値、4 つ前の終値・・・**という表現になるた
め、カレントバーを理解する必要がありました。

・6 日がカレントバーの場合

日付	終値	プログラムで記述
4 日	100 円	Close[2]
5 日	110 円	Close[1]
6 日（カレントバー）	120 円	Close

・7日がカレントバーの場合

日付	終値	プログラムで記述
4日	100円	Close[3]
5日	110円	Close[2]
6日	120円	Close[1]
7日（カレントバー）	130円	Close

　それでは、例題を用いてカレントバーを理解していきましょう。

　皆さんは日足を使っています。「上記の値を使って」、次の練習問題を考えてみてください。

【問題】今日は6日です。直近3日間の終値ベースの平均値を算出してみましょう。

a. 数字を用いて計算する場合

解答欄　_____

b. プログラム言語で記述する場合

解答欄　_____

【問題】7日になりました。3日間の終値ベースの平均値を算出してください。

c. 数字を用いて計算する場合

解答欄　_____

d. プログラム言語で記述する場合

解答欄　_____

【答合わせ】

上記3日間の終値ベースの平均値は次のようになります。

a. (120 + 110 + 100) / 3
b. (close + close[1] + close[2])/3
c. (130 + 120 + 110) / 3
d. (close + close[1] + close[2])/3

　皆さん、解けましたか？　そうです。数字を用いて計算するパターンでは数字を修正しなければなりませんが、プログラムなら3日間の平均値を出す記述は、今日が何日でも一緒なんです。

　ここでは、そのことがご理解できれば満点です。

＊＊＊＊＊＊＊＊＊＊＊＊＊【補　足】＊＊＊＊＊＊＊＊＊＊＊＊＊

　過去の値を呼び出す時間軸が、なぜ右から左でなくてはいけないのか？　これは簡単だと思いますが、左を基準にはできないからです。

　左とは過去ですよね。何日間のチャートを表示するかは人それぞれ違います。すなわち皆さんによってチャートの表示期間は異なるため、左である過去を基準点とすることができず、常に同じ基準点にできる右でなくてはならないというわけです。

　従いましてカレントバーは必ず表示されるため、必ずあるものを基準地点として、値を呼び出します。そのため、過去の値を呼び出す時間軸は右から左。

　しかし日足を使っていたとして、そのチャートが100日間表示していないのにclose[100]と記述したら、ちゃんとエラーになりますのでチャートの表示を伸ばしてあげてください。また101ページを見てください。Maximum number of bars study will reference欄は100以上にする必要があります。脱線してしまいましたが、時間軸を整理するのに役立てばと思います。

＊＊＊＊＊＊＊＊＊＊＊＊＊＊＊＊＊＊＊＊＊＊＊＊＊＊＊＊＊＊＊

トレード用語をプログラム言語にしてみよう

　トレード・投資をする方なら、当たり前に使っている用語。プログラムを使って売買戦略に落とし込むには、それらを正しく認識させる必要があります。これまでにすでに出てきた単語もありますが、ここでまとめてご紹介していきます。

○各プログラム用語

・基本用語

　まずはチャートが持っている基本的な情報から見てみましょう。

種類	意味
Open	始値
High	高値
Low	安値
Close	終値
Date	日付
Time	時間
Volume	出来高

・予約語

　さて、ここはさらっと読んでください。分からなくても大丈夫です。プログラムの中にはあらかじめ定義されている、既に役割を与えられているワードがあります。これらを「**予約語（リザーブワード）**」と言います。既にしれーっと登場させていましたが、予約語の代表例は、始値（Open）、高値（High）、安値（Low）、終値（Close）などです。

　皆さんが日足を見ているとします。普通の会話なら「今日の始値い

くらだった？」「今日の始値は 109 円 50 銭だったよ」となると思います
すが、プログラム言語の世界では Open と書くことで今日の始値つま
り 109 円 50 銭を表すことができます。

　ということなのですが、ここでは、Open とか Close なんかは予約
語なんだなーで OK です。

・スキップワード

　プログラムの中には記述してもしていなくても、まったく影響を与え
えない文字列というのもあります。それらを「**スキップワード**」と言
います。記述されていなくても問題がないので、**どこに、どのように、
いくつ入っていようが、まったくプログラムには影響を与えません。**

　なら書かなきゃいいじゃん、と思うかもしれませんが、これらはプロ
グラムを読みやすくすることに役立っています。スキップワードとし
て定義されている単語は、以下の 14 種類です。

スキップワード全 14 種類

a	an	at	based	by
does	from	is	of	on
place	than	the	was	

○四則演算

　加減乗除——加法、減法、乗法、除法——のことで、足し算、引き
算、かけ算、わり算、つまり四則演算ですね。

　足し算、引き算、かけ算、わり算ができ、平方根、べき乗など、何
でも計算（演算）してくれます。チャートの上の価格データを自由に
演算し、投資戦略システムやテクニカル分析プログラムを作っていく
わけです。

・基本演算子

演算子	意味	例
+	足し算	1+2、1+2+3+5　　など
-	引き算	10-2、10-2-3-4　　など
/	割り算	10/5、1000/10/5　　など
*	掛け算	2*4、10*2*5*300　　など

・比較演算子（等価演算子を含む）

　本書の最初の方で、時間のフィルターをつけたときに使いましたね。

　なお、**比較演算子は１つのワードに対して、１つだけしか使用できません。**

演算子	意味	例
=	等しい	「A=B」は「AとBは等しい」という意味
<>	等しくない	「A<>B」は「AとBは等しくない」という意味
<	右の方が大きい	「A<B」は「AはBよりも小さい」という意味
<=	右の方が大きいか等しい	「A<=B」は「AはB以下」という意味
>	左の方が大きい	「A>B」なら「AはBよりも大きい」という意味
>=	左の方が大きいか等しい	「A>=B」なら「AはB以上」という意味

　なお、等価演算子の「＝」は必ず右側に来ます。「=>」や「=<」と書くのは NG ですのでご注意ください。プログラムの比較演算子の多くは、比較する不等号をまず記述します。

　学校で習った等号付き不等号（≦、≧）を思い出してください。≦、≧も、まずは大なり（＞）か小なり（＜）の記号を書いた後に、下に＝を書きますよね。迷ったときにはそれを思い出して、イコールを右

側につけてください。

　むしろプログラムが分かる方であれば、ここで疑問に思ってしまうのは「＝」かと思います。「＝」は等しいではなく「**代入**」という意味で使うプログラム言語が多く、等しい（一致）という意味では「==」と記述します。

　パワーランゲージでは、**代入も等しいも同じ記号「＝」で記述**しますので「＝」は比較演算子であり、等価演算子ということになります。他のプログラムでは使い分けが必要な代入（＝）と等しい（==）ですが、その必要がないためこの点も簡単ですね。

　そのためイコールの使い方の留意点としましては、不等号の右に記述するということだけ気を付けていただければと思います。

○プログラムで使えるカッコ

　プログラム言語で使用するカッコは、( ) [ ] ¦ ¦ の３種類です。

・過去データを参照するカッコ [ ]

　[ ] は、すでに登場していますね。過去のバーの値を呼ぶときに使用するものでした。

・解析したいデータをグループ化させるカッコ ( )

　( ) は、数学的な計算式上での区切りや計算の優先順位を示します。プログラム上でも数学で習うのと同じように、計算を行う時に ( )の中をまず優先させてから、その後外側を計算していきます。

　一つ前のバーとのレンジの50％の値を計算したい場合、(High[1] – Low[1]) / 2 となります。 ( ) を忘れて High[1] – Low[1] / 2 と記述してしまいますと、計算の優先順位が変わってしまいますのでご注意ください。

・**コメント用のカッコ｛　｝**

　さて、このカッコはコメントアウトと言って無視するカッコです。｛　｝でくくられた部分の記述したプログラムを無視します。プログラムを無視するのなら、このカッコは何のためにあるのか……。

　プログラムが複雑化したときなど、何を書いたのかの注意書きなどとして利用します。プログラムに影響しないため、｛　｝の中には補足説明するような内容を自由に記載できます。

　応用的な使用方法として、売り（ショート）のステートメントを記述したけど、やっぱり止めよう、でも消したくないというときには、プログラム上は無視される｛　｝を使用することで記述を残しておきます。さらに、条件が複数あってプログラムの一部を無効にしたい時や変更前と変更後を覚えておきたい時などに使用すると便利でしょう。

　また｛　｝は複数行にわたってコメントアウト化ができますが、1行のみの場合は文頭に // をつけることでコメントアウト化できます。

・**文字列区切り " "**

　" " で区切られた文字は、文字（テキスト）として扱われます。例えば"1"という記述 は、数字の1ではなく「文字」としての1になります。" " は文字列として区切るためのもので、戦略などに名前をつける時に使用します。

　" " については、後半の「戦略に名前をつけよう！」で再びご紹介しますので、ここではなんとなく覚えていれば大丈夫です。

○カッコのおさらい

　分かりづらいですが、下記の四角で囲んだところはコメントアウト化しています。実際のマルチチャートでは緑色で表示されます。そして、その中に文字列として区切る " " が使われています。

```
Input: Length1(10), Length2(20);

If Average(Close, Length1) cross above
 Average(Close, Length2)
      then Buy ("Signal_A"){next bar at Market}

{If Average(Close, Length1) cross below
 Average(Close, Length2)
      then Sell ("Signal_B")next bar at Market;}
```

　なおお気づきかと思いますが、**カッコも半角で**記述してくださいね。特に日本語文字である全角の｛｝と半角の{ }は非常に似たフォントですので、ご注意ください。

　さて上の例では、平均値を計算する「Average」という関数が使われていますので、この関数についても軽くご説明しておきましょう。
　Average(価格の種類、期間)と記述しただけで、(価格[0]+価格[1]+価格[2]+・・・・+価格N) / N という計算式となります。
　過去３バーの平均値を例に説明してみます。

(Close + Close[1] + Close[2]) / 3
　　　　と
Average (Close, 3)　は同じ意味です。

　いかがですか？　とてもラクになりましたよね。シンプルなことですが、これが関数を使うメリットでもあるんです。

　カッコ ( )[ ]｛｝,（カンマ）、" "（ダブルクォーテーション）などの使い方は、このあとご紹介するいろいろなプログラムを確認していくうちに、知らず知らずのうちに覚えていくと思います。ここでは、種類とその役割の基本形態をおさえてください。

　実を言いますと・・・「カッコの使い方はこうです！」と明確に説明することはなかなか難しいというのが本音です。たくさんの例に触れて、一つずつ確認しながら慣れていくほうがより効果的です。

プログラム記述を確認しよう

改めてプログラムを記述するうえでの約束ごとを確認しましょう。

・if 〜 then 構文
・ステートメント（一文）の末にはセミコロン「；」
・最後にコンパイル

○if 〜 then構文のおさらい

if 〜 then 構文は何度も出てきた呪文ですね。

「if・・then・・・」は「もし・・なら・・・する」でした。if と then の間は売買条件とお伝えしてきましたが、正確には「条件表示 = Conditional Expression」と呼びます。

かっこつけました、忘れてください。

条件（表示）は、等号、不等号などの、等価演算子、比較演算子などを用いて構成されます。

まずは一つの条件で練習してみましょう。

> if 条件表示 then アクション いついくら；

では、例として次ページの条件を定義させていただきます。

第3章　プログラムを構成する要素

条件	条件定義	プログラム
A	現在の終値と一つ前の終値が一致しない	Close<>Close[1]
B	現在の高値から一つ前の高値を引いてゼロ以上	High- High[1] >= 0
C	現在の終値が一つ前の高値に一つ前のレンジの50%を加算した価格よりも高い	Close>High[1]+(High[1]-Low[1]) / 2

　書ける範囲で結構ですので、プログラミングしてみましょう。いついくらは「this bar on close」を今回も使用します。

【問題1】
もし　現在の終値と一つ前の終値が　一致しない　なら　買い　このバーで　成り行き発注
解答欄 _____

【問題2】
もし　一つ前の高値が三つ前の高値以上　なら　買い　このバーで成り行き発注
解答欄 _____

【問題3】
もし　現在の高値から現在の安値を引いた値が0.2以下　なら　買いこのバーで　成り行き発注
解答欄 _____

【問題4】
もし　現在の終値が前日の高値に前日の価格幅の50%を加算した価格よりも高い　なら　買い　次のバーで　成り行き発注

153

　どこまで書けましたか？　セミコロン忘れていませんか？

　では解答を書いていきますので、ご自分の答えと照らして確認してください。

【解答1】

もし　現在の終値と一つ前の終値が　一致しない　なら　買い　このバーで　成り行き発注

```
if close <> close[1] then buy this bar on close;
```

【解答2】

もし　一つ前の高値が三つ前の高値　以上　なら　買い　このバーで　成り行き発注

```
if high[1] >= high[3] then buy this bar on close;
```

【解答3】

もし　現在の高値から現在の安値を引いた値が　0.2以下　なら　買い　このバーで　成り行き発注

```
if high - low <= 0.2 then buy this bar on close;
```

【解答4】

もし　現在の終値が前日の高値に前日の価格幅の50％を加算した価格よりも　高い　なら　買い　このバーで　成り行き発注

```
if close > high[1] + (high[1] - low[1])/2
then buy this bar on close;
```

　どうですか？　慣れると自然と記述できるようになりますが、もし

躓いてしまった場合は、これまでのところを再度確認してみてくださいね。

○複数の条件設定　～基本構造～

ここからは、複数の条件で売買するプログラムをご紹介します。条件の追加で「and」を使うことは前に出てきましたね。今回は「or」が登場します。

条件が増えても if ～ then 構文に変わりはありませんよ。

> if 一つの条件 then アクション いつ いくら；

↓

> if 複数の条件 then アクション いつ いくら；

では、先ほどと同じ条件を使います。

条件	条件定義	プログラム
A	現在の終値と一つ前の終値が一致しない	Close<>Close[1]
B	現在の高値から一つ前の高値を引いてゼロ以上	High- High[1] >= 0
C	現在の終値が一つ前の高値に一つ前のレンジの50%を加算した価格よりも高い	Close>High[1]+(High[1]-Low[1]) / 2

条件を「すべて」満たした時にアクションを起こすなら and でつなぎ、条件の「いずれか一つ」を満たした時にアクションを起こす場合は or でつなぎます。

ではまずは、if ～ then 構文を日本語で解説してみます。

・条件 A と条件 B の「両方」を満たした時にアクションを起こす
　if 条件 A **and** 条件 B then アクション いついくら；

・条件 A と条件 B の「いずれか」を満たした時にアクションを起こす
　if 条件 A **or** 条件 B then アクション いついくら；

　では、ここで問題です。
Q.「条件 A は絶対条件で、条件 B と条件 C はいずれか一方を満たせ
ばよい」を if 〜 then 構文の日本語ではどう書けばよいでしょうか。
解答欄 ＿＿＿＿＿＿＿＿＿＿＿＿＿＿＿＿＿＿＿＿＿＿＿＿＿

　　if 条件 A **and** 条件 B **or** 条件 C then アクション いついくら；

　この記述は正しいでしょうか。これでは 2 通り考えられませんか？
　①「条件 A と条件 B を満たすか、または条件 C になるか」、②「条
件 A を満たし、かつ条件 B または条件 C のいずれかを満たす」とい
う 2 通りです。優先順位を示したいときに使えるものがありましたね。
そう、カッコです！　正しくは以下のようになります。

　　if 条件 A **and (** 条件 B **or** 条件 C **)** then アクション いついくら；

　では、3 つの条件すべてを if 〜 then 構文で記述してみましょう。
いついくらは、this bar on close を今回も使用します。

```
if close <> close[1] and
(high - high[1] >= 0 or close > high[1] + (high[1]-
low[1])/2)
then buy this bar on close;
```

カッコの有無で違う結果になることがあります。忘れないようにしてくださいね。

○複数の条件設定　〜日時や曜日など〜

チャートは四本値のほかにも、日付や時間といった情報も持っていますよね。チャートの各バーから得られる Date に日付情報が入っていますので、プログラムと比較することで、現在のバーが特定の日付かどうかを検証することができるわけです。ここでは日付や時間、曜日などの記述の仕方を解説していきます。

・日付（年月日）：date

日付は西暦を使用して表示します。表記の仕方は、①年代②西暦下2桁③月2桁④日にちの順ですが、①の年代については、**1900年代は「0」2000年代は「1」**と表現します。なので1999年は「099」、2007年は「107」となります。月日をつなげると、1999年6月22日は「0990622」、2007年8月8日は「1070808」という記述になります。

```
date = 0990622
```

・時間：time

時間は24時間表記にします。例えば午前9時10分ならば「910」、午後11時30分ならば「2330」となります。Time = 0910 でも910でもOKです。

```
time = 0910
```

では、「2020年6月8日午後2時00分に売り」というプログラムを書いてみましょう。いつ、いくらは this bar on close を使います。

```
if date = 1200608 and time = 1400 then sellshort
this bar on close;
```

　このように記述すれば、取引したい時間を指定して戦略を構築することができるわけです。

【練習問題】下記の条件を記述してみましょう。
・売買条件：現在の終値と一つ前の終値が一致しない
・時間：午前10時から午後2時の間（10時、14時を含む）
・アクション：買い
・いつ、いくら：this bar on close

> if 売買条件 then アクション いついくら；

【解答欄】

【解答】
```
if close <> close[1] and time >= 1000 and
time <= 1400 then buy this bar on close;
```

【解説】
ポイントは2つ。
1）10時以降ということは、10時より大きいということ。14時迄ならば14より小さいということですが、そのどちらもその時間（10時、

14 時）を含む表記にすること。

　10 時以降：time >= 1000

　14 時迄：1400 <= time

2) 両方の時間を満たす必要があるため and を使用すること。

```
time >= 1000 and time <= 1400
```

　ちょっといじわるな質問です。time の記述では [　] を用いる必要はあると思いますか？

　ここでは Close + Close[1] + Close[2] で説明した内容を思い出してください。「Close の値は、カレントバーの終値の数値」に置き換わっていましたね。

　time も同様です。ですが、時間を遡って見ることはありませんよね。ということで、答えは NO。投資の売買条件で、時間のみを比較することはないでしょう。

　皆さんが使っているチャートが 5 分足だとしてイメージしてください。現在の時刻を 10 時 05 分とします。この時、time はどのような数値となるでしょうか。そうです。time は 1005 に置き換わっているわけです。つまり先の例では、time には 1005 という値が入っていますので、1005（time）>=1000 となります。

　10 時 00 分より大きな値が入っているので、条件を満たしている。これをイメージしながら記述できた方は、プログラムを記述するコツをすでに掴んでいます。このようにイメージできて、かつ理解できている人はもはや合格です。

　さて、いつで終了という指示をしなければ、その後もプログラムは動いてしまいますね。今回の条件は 14 時 00 分まで。そこで終了を <=1400 と表現することで、time が「カレントバー」で 14 時 00 分なった時にプログラムがストップすることになります。

　せっかくですので、もう少しだけ。もういちど、プログラムを確認

しましょう。

```
time >= 1000 and time <= 1400
```

　time は常にカレントバーの時間（今の時間）になっています。今
現在の時刻が12時05分ならば？

```
time( 現在時刻 1205) >= 1000 and time( 現在時刻 1205) <= 1400
```

　time には1205が入っていますので1000より大きく、1400より小
さいため、いずれの条件を満たしているということが確認できると思
います。
　それでは、14時30分は？
　14時30分は、10時00分以上の条件は満たしていますが、14時00
分以下の条件をみたしていません。これがどういう意味か分かります
か？　14時00分までしか、プログラムが動かない。つまり、14時
30分ではこのプログラムは動かないということです。

　ここのお話は非常に重要ですが、もっと詳しくのちほど解説が出て
きますので、ご安心を。ここでの理解は、time の使い方の一例を確
認していただければ結構です。

＊＊＊＊＊＊＊＊＊＊＊【なぜなにコーナー】＊＊＊＊＊＊＊＊＊＊
Q. 1000 <= time <= 1400 と連続して記述することはできないの？
A. できません。

　比較演算子は1つのキーワードに対して、1つだけしか使用できな
いからです。time も close などと同じく予約語の一つです。

　例えば、close < close[1] < close[2] のケースはどうでしょうか？
このケースが何パターンかあることは分かっていただけると思います
が、and で命令されているか、or で命令されているか明確に分かり
ますか？

　はい、そのとおり！　分かりません。

　複数の条件を記述する場合は、**and なのか、or なのかを明記する
必要があります**。命令はあやふやではダメというお話でした。

　地味に重要なことですが、プログラムの世界に阿吽の呼吸はありま
せん。常に明確な命令でなくてはダメで、いくつかのパターンがある
場合は、どのパターンなのかを判断し、指示するのは主人（書き手）
である皆さんとなります。

＊＊＊＊＊＊＊＊＊＊＊＊＊＊＊＊＊＊＊＊＊＊＊＊＊＊＊＊＊

最重要！ と言っても過言ではない「変数」

　これまで重要であるがために、何度も何度も繰り返してきた if〜then 構文。今回はそれと同程度と言えるほど重要な「変数」についての解説です。

　そう、とうとうやって参りました！　プログラムの基本編のメインです。説明が分かりづらい場合、皆さんが悪いのではなく、説明した人間が悪いとはっきり言えます。さて、この著者の評価はいかに！

○変数の定義

　「変数」はよく、文字や数値などの値を入れておくための箱だったり、値に付ける名札だと説明されます。変数の設定は「Variable」を使用します。Variable の英語の意味は『変化できる』という意味です。プログラミング上では、Variable、Variables、Var、Vars、それぞれ同じ意味となり、記述方法が 1 番簡単なのは、文字数の少ない Var ですが、Vars を使用して記述しているプログラムや関連著書が多いため、ここでも Vars を用いてご紹介していきます。Vars は非常に重要で、システムを構築する上で避けては通れないキーワードです。

　なお、**大文字小文字は区別しません**ので、ナーバスにならないでくださいね。

　予約語（リザーブワード）を覚えていますでしょうか。予約語とは、四本値や時間・日付のようにプログラム言語の中で「あらかじめ定義されている既に意味を持った単語」のことでしたね。

　では、この予約語のうちの close を用いて Vars を分かりやすく説明していきたいと思います。close は予約語であり変数です。つまり、「あらかじめ意味が定義されている変数」ということです。

　日足チャートで見た場合、プログラム上 close と記述すれば、そこ

に入る終値の数値は日々で変化していきますよね。これは、close という予約語が「最新の終値を意味する」と定義されているためです。さらに言えば close は「最新の終値を呼び出すもの（定義付）であり、最新である以上、情報は更新（変化）していく」ということです。

　では、あらかじめ意味が定義されていないものについてはどうでしょうか。すなわち自分自身で定義したい変数を作り方たい場合。その際に、Vars を用いて作成するのです。

・定義されている変数 ⇒ close などの予約語
・定義されていない変数 ⇒ Vars を使って作る

　自分自身で定義したい変数（オリジナルの変数）の作り方を「？」を用いて close ベースの3日間の平均値で説明したいと思います。

```
? = (close + close[1] + close[2] ) / 3;
```

　上記のような計算式、「？」部分には何が入るでしょうか。この「？」を考えようっていうお話でもあります。

日付	終値	プログラムで記述
4日	100円	Close[2]
5日	110円	Close[1]
6日（カレントバー）	120円	Close

日付	終値	プログラムで記述
4日	100円	Close[3]
5日	110円	Close[2]
6日	120円	Close[1]
7日（カレントバー）	130円	Close

まずは、4日から6日までのケースで考えてみましょう。これまでにも出てきたのでお分かりですね。

```
? = (close + close[1] + close[2] ) / 3;
? = (120+110+100) / 3
? = 110
```

　次に、5日から7日までのケースで考えます。

```
? = (close + close[1] + close[2] ) / 3;
? = (130+120+110) / 3
? = 120
```

　日が変わることで「?」の値も変化しましたね。つまり「?」には一定の値（定数）が入るわけではない、ことが確認できました。つまり close と同様に「?」は1日経過するごとに違う値が入る変数であることが言えます。
　ですが、両者には大きな違いがあります。close という予約語はカレントバーの終値を表現するとあらかじめ定義されているのに対し、「?は3日間の平均値という意味を私が勝手に定義付けようとしている」点です。
　自分自身で定義したい変数を作りたい場合に登場するのが・・・、そう！ Vars です。

○自分自身で定義したい変数はVars
　では、別の視点で「?」について考えてみましょう。
　「?」さん自身は自分が何者であるか（変数であるか）を知っていると思いますか？　いいえ。「?」さんは、自分が何者であるかをま

だ知りません。なのでまずは「？」さんが（オリジナルの）変数であることを教えてあげましょう。

　では、どのように「？」さんが変数であることを教えればいいのか。ここで Vars の登場です。記述は簡単。

　　Vars:?;

　このようにプログラミングして、「？」さんが変数であることを教えてあげます。ここでもセミコロンを忘れずに。

　でも待ってください。コロン「：」もついているのに、気づきましたか？　そう。**Vars のあとはコロン「:」を付けます**。目ざとい方なら、先に出てきた inputs にも付いていたことも覚えているかもしれません。ですが、ここは強制作法（ルール）だと思って Vars とコロンはセットで覚えてください。

　ではその後に来た「?」はどんな役割か。ここに記述することで、「？」さんは自分が変数になったんだと認識してくれるのです。短くてもこれで一つのプログラムなんですよ。

　Vars: の右側と覚えるのも良いのですが、イメージとしては Vars: が運動会のチームの旗。この Vars: というチームの旗の後ろにいることによって、「？」さんは、皆さんが定義した変数だよって知ることができるわけです。では、自分が変数であることを認識しましたので、**初期値**も持たせましょう。今回はとりあえず 0 を入れました。

　　Vars:?(0);

　ここでは、任意で変わる値を使用するときは Vars; と宣言すると覚えてください。

　これで、あらかじめ定義されていない変数の設定はできました。以

上で完成だと思いますか？　そう！　まだです。

　何が足りないですか？　名前が付いていません。なぜ名前をつける必要があるのでしょうか？　指示（命令）するためです。そこで名前をつけて命令できるようにします。

○「？」さんに名前をつけて命令

　Vars を使用して定義したということは、変数として働いてもらうということです。そして働いてもらうためには、呼び出して命令しなくてはいけません。そこで変数となった「？」さんに名前をつけます。

　名前をつけないとなぜ命令できなかったか、覚えていますか？

　先のお話で「Length」さんを例に説明しましたが、もう一度確認しましょう。100 人の中から特定のある一人に命令をしたい場合、名前が不明だと呼び出せないと説明しましたね。

　だったら「？」という名前のままでいいんじゃない？

　良い質問ですが、プログラムの世界では残念ながら**記号は名前として使えない**のです。名前にも命名ルールがあるのですが、ここでルールを覚える必要はありません。

　実際のマルチチャートでは、皆さんが付けた名前がエディタ上で「薄い紫色」になれば命名完了です。正しい命名でなければ黒いままなので、「？」は名前として認識されず黒いままになっています。

＊＊＊＊＊＊＊＊＊＊【補足コーナー】＊＊＊＊＊＊＊＊＊＊＊

　色の話をしておきましょう。実際にエディタに書いて練習された方はお分かりかと思いますが、エディタでコードを書いていくと、記述したワードが属性ごとに自動で色づけされていきます。

・関数：濃い紫
・数字：濃い青

・文字列：水色

・予約語：薄い青

・Vars の変数：薄い紫

・Inputs の変数：赤

・記号：黒

・スキップワード：オレンジ

・コメントアウト化：緑色

＊＊＊＊＊＊＊＊＊＊＊＊＊＊＊＊＊＊＊＊＊＊＊＊＊＊

　今回は3日間の平均値ということで、「？」さんに「Heikin」という名前をつけてみました。もちろん、皆さんお好きな名前をつけていただいて構いません。

　なお命名ルールについて、少しだけ。「Length」さんのときにもお話しましたが、既に定義されているワードと同じ名前、例えば予約語と同じ名前をつけることはできません。そのルールを守って自分なりの名前を自由に付けてみてください。その判断基準はさきほどお伝えしたとおり、コンパイルして薄い紫色になれば成功です。

○「？」さんに名前がついた

　Heikin という名前をつけてみると、どうでしょう。？が Heikin に変わりますね。

```
Vars:?(0);
    ↓
vars:Heikin(0);
```

　これで、呼び出し・命令ができるようになりました。Heikin さんのお仕事は3日間の平均値を算出し続けることでしたね。

```
 ?  = (Close + Close[1] + Close[2])/3;
            ↓
Heikin = ( Close + Close[1] + Close[2] )  / 3;
```

プログラムをまとめます。

```
vars:Heikin(0);
Heikin = ( Close + Close[1] + Close[2] )  / 3;
```

　下記の表を使って、Vars:Heikin(0); の初期値の 0 （ゼロ）の値を想像してみましょう。想像できれば、合格も合格です。

日付	終値	プログラムで記述
4 日	100 円	Close[2]
5 日	110 円	Close[1]
6 日（カレントバー）	120 円	Close

日付	終値	プログラムで記述
4 日	100 円	Close[3]
5 日	110 円	Close[2]
6 日	120 円	Close[1]
7 日（カレントバー）	130 円	Close

　Vars:Heikin(0); の初期値の 0 （ゼロ）は、カレントバーが 6 日の場合（4 〜 6 日）は 110 という値に置き換わり、7 日になれば 5 〜 7 日で 120 という値に置き換わっていきます。

　では、投資の世界で考えてみましょう。基本、上がるか、下がるかですね。

　・上がる：ある基準値から上に行く

　・下がる：ある基準値から下に行く

　前日の終値を基準とする場合は、チャートを日足にして close[1] と
カレントバー（close[0]）の値を比較すれば認識することができますね。

　ではこの基準を、皆さんなりの独自の基準としたい場合、どうしま
しょうか？　例えば、前日のレンジ（高値から安値を引いた値）の半
値としたい場合などです。このように独自の値を見たい場合は自分自
身で計算をする必要がありますよね。そんな時に、変数を定義する
Vars を使えばよいのです。

　まず確認ですが、投資用語でいう半値とは「高値と安値の真中の
値」を言います。半値戻りであれば、高値から安値を引いて2乗した
値まで戻ることを言います。

　まずは定義をせずに、半値を求める計算式を作りましょう。

```
? = ( High[1] + Low[1] ) / 2 ;
```

　？さんの仕事内容が「常に前日の半値を算出」と決まりました。そ
して、仕事をしてもらうためには、呼び出して命令（指示）できるよ
うに名前をつけます。ここでは「Hanne」という名前をつけて、初期
値はゼロにします。これでオリジナルの定義づけができました。

```
vars:Hanne(0);
Hanne = ( High[1] + Low[1] ) / 2 ;
```

　では練習してみましょう。プログラムを記述してみてください。

【練習問題】

前日の半値を今日の終値が超えたら買い。いついくらは、this bar on close とします。

【解答欄】

【解答】

```
vars:Hanne(0);
Hanne = ( High[1] + Low[1] ) / 2 ;
if Hanne < Close then buy this bar on close;
```

＊＊＊＊＊＊＊＊＊＊＊【理解度チェック】＊＊＊＊＊＊＊＊＊＊＊

□ Vars ってなに？

⇒ 自分自身で計算したい値を使いたい場合に使います。

□ コロンの意味は？

⇒ Vars を使うときの強制作法（ルール）という認識で OK です。

vars:

□ なぜ名前をつけるの？

⇒ プログラムの世界は主従関係である主人の皆さんが絶対的存在です。主人である皆さんが名前をつけて、役割（仕事）を与える（命令する）ことで、名前をもらった Hanne が何をするかを認識します。

vars:Hanne(0);

□ Hanne（付けた名前）は Vars: の右側でないとダメ？

⇒ Hanne さんにどこの一員になってもらうかを示す必要があります。Vars: チームの一員の Hanne さんということで、Vars: が先、その後に Hanne さんとなります。そのため、Hanne さんは右側にいないとダメということになります。

□ 名前をつけた Hanne は何をするものだっけ？

⇒ ここではご主人様の命令により、前日の半値を常に計算することがお仕事でした。毎日、前日の半値を計算するための記述は下記となります。

```
Hanne = ( High[1] + Low[1] ) / 2 ;
```

□ Hanne を左辺にしてはダメ？

⇒ 日本の算数では左辺に計算式、右辺に答えがあることが多いと思います。そう習った方が多いのではないでしょうか。そのため、左辺に答えがくることに違和感がある方もいるかと思います。

算数の計算結果　　1 + 1 = 2

変数の計算結果　　2 = 1 + 1

なぜだと思いますか。数字の計算をするにあたって、算数をイメージしてしまうのはいたって自然だと思います。

ここでのイコールの意味は等しいという意味合いではなく、**「代入」** という意味になります。右辺で計算した結果を左辺に代入するというイコールの意味のため、すなわち、等しいという意味ではないため、Hanne は左辺にいないとダメということになります。

□ [ ] と ( ) の意味は？

⇒ [ ] と ( ) の意味はいろいろありますが、以下を押さえてください。

[　] はカレントバーからいくつ遡るかを示す。

（　） は2つの意味があります。初期値を入れるためと、計算をグループ化するため。

初期値のかっこは、vars:Hanne(0);

計算のグループ化のカッコは、Hanne =（High[1] + Low[1]）/ 2；

□ Vars で命名するだけでも、セミコロンはいる？

⇒ 必要です。プログラムでも文（ステートメント）の終わりを明確にする必要があります。

＊＊＊＊＊＊＊＊＊＊＊＊＊＊＊＊＊＊＊＊＊＊＊＊＊＊＊＊

○定義した変数をチャートに描画

　定義した変数をチャートに描画するには、少し準備が必要です。プログラムを記述する場所をなんと呼ぶか覚えていますでしょうか。そう、エディタ！　そして、エディタには3種類ありましたね。

1）関数を書くエディタ ・・・Function（関数）

2）チャートに描画するエディタ ・・・Indicator（指標）

3）売買するシステムを作るエディタ ・・・Signal（ストラテジー）

　ここでは定義した変数をチャートに描画しますので、「Indicator」エディタにプログラムを記述する必要があります。**違うエディタに記述してしまうと、いくらプログラムが正しくてもコンパイルエラーになってしまいます**ので気を付けてください。

　エディタの新規作成。ここでは、Indicator のエディタを選択します。

　では話を戻します。今回は、先ほどの3日間の平均値を算出するプログラムをチャート上に表現してみるので、新規作成エディタ名も「Heikin」として進めます。

　さて、プログラムの計算結果などを線や棒グラフ、点などでチャート上に表現する時に記述するのが、「**Plot(値、" 名前 ")；**」です。

　表示させたい値は定義した「Heikin」です。描画する線にはお好きな名前をつけることができます。文字列区切りの " " を使って名前をつけます。ここでは、「3Ave」という名前で記述してみます。プログラムは以下になります。コンパイルを忘れないでくださいね。

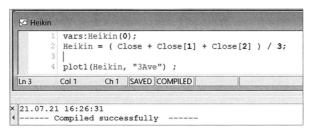

　お気づきでしょうか。Plotの後に数字がついていますね。**Plotには通し番号で、数字を割り振ってあげる必要があります。**もちろん同じ数字は使えません。また、Plotは1つだけでも通し番号は必要なためPlot1となりますので、数字をお忘れなく。

それではチャートに表示してみましょう。

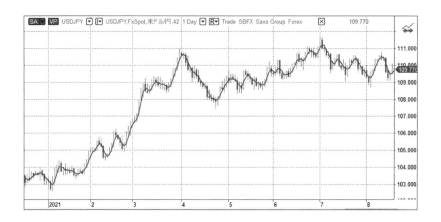

いかがですか。きちんと表示されたでしょうか。

なお、移動平均線が価格チャートの下に表示されてしまったり、線の色を変更したい場合は先に解説した変更方法を参照してください。

さて先ほど「違うエディタに記述してしまうと、いくらプログラムが正しくてもコンパイルエラーになってしまう」とお伝えしました。では実際に試してみます。新規エディタを「Signal」で作って、まったく同じ記述をしていますが、コンパイルをするとエラーになります。

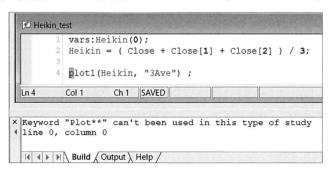

「Plot」はインディケータを定義するワードだからです。

もし、正しい表記をしているはずなのにエラーになってしまった方

は、エディタ名の前にあるマークを念のため確認してみるとよいでしょう。

⊡ **Heikin** ・・・Indicator

⊡ Heikin_test ・・・Signal

では今度は５日間の移動平均線も表示させてみましょう。

ここで練習です。

先ほどの３日間の移動平均線のエディタを流用して、５日間の移動平均線を描画するプログラムを追記してみましょう。条件は同じ。終値ベースの平均線を描画してください。

【解答欄】

```
vars:Heikin3(0);
vars:Heikin5(0);

Heikin3 = ( Close + Close[1] + Close[2] ) / 3;
Heikin5 = ( Close + Close[1] + Close[2] + Close[3] + Close[4] ) / 5;

plot1(Heikin3, "3Ave") ;
plot2(Heikin5, "5Ave") ;
```

いかがでしたか？　３日間平均の命名は Heikin3 としなくても、Heikin のままでも OK です。Plot のあとに通し番号が入ることは忘れないでくださいね。

ちなみに皆さんはどこから記述をしましたか？　記述する順番のルールはありませんが、重要なのは「ミスしないプログラミング」です。つまり、極力タイピングしないこと。そう、コピペ！！

```
vars:Heikin3(0);
vars:Heikin5(0);

Heikin3 = ( Close + Close[1] + Close[2] ) / 3;
Heikin5 = ( Close + Close[1] + Close[2] + Close[3] + Close[4] ) / 5;

plot1(Heikin3, "3Ave") ;
plot2(Heikin5, "5Ave") ;
```

　□で囲んだ部分はすでに記述した部分をコピペして、必要箇所だけ追加・修正すればOK！　ラクなだけでなく、タイプミスの確率が減るのでオススメです。ただし、Plotの数字は通し番号。ここは重要ですので、即座に復習です。

　プログラミング上達のコツは、コピペをうまく活用すること。慣れるまでは一つずつ手打ちで・・というのも素晴らしい心意気ですが、コピペは効率も上げますので、ぜひ、活用してください。

　では、チャートに表示してみましょう。インディケータの線の種類や色、太さなどの設定はツールボックスのプロパティから変更が可能ですし、その設定を次回以降も使いたい場合は、「□ Use as Default」欄にチェックマークを入れておけば設定が保存されます。

　見づらいかもしれませんが、移動平均線がもう1本追加されました。

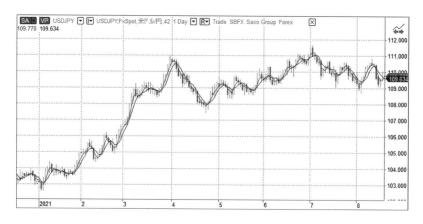

○べた書きと関数

さて、実際に記述した変数ですが、実際にプログラミングしてみて、ある疑問が浮かびませんでしたか？「平均値なら Average を使えばよいのでは？」。素晴らしい。そう考えたあなたは、もうプログラミング脳になっていますよ。

今回の例では3日間と5日間でしたが、これが50日間、100日間となった場合は、考えるだけでも億劫ですよね。しかもミスが生じやすい。Average で設定すれば一発ではないか、と思いますよね。

そう！　関数を使えば、四則演算を省略でき、ミスもなくなります。では、Average 関数の記述を確認しましょう。

Average(価格の種類, 期間);

今回は終値ベースのため価格の種類は Close、期間は 50 となります。

```
Average(close,50);
```

これならば終値ベースで50日間の平均も簡潔です。では試しに終値ベースで50日間の移動平均値の計算式を、Average を使わずにイメージしてみてください。つまり、Close を50回加算する方法です。今の皆さんなら簡単ですよね。

```
( Close + Close[1] + Close[2] + Close[3] + Close[4]... +
Close[49] )  / 50
```

もし、100日間なら Close を100回加算しなくてはなりません。手間と時間をかければ答えは出ますが、効率はどちらがよいか一目瞭然ですね。

○最適化ができる変数

例えば500行ほどもあるプログラム中に Average(Close, 50) が20箇所記述されているとします。効率を上げてくれる関数ですが、記述し終わったあとに自分の検証が間違っていることに気づき、パラメータの期間を50から30に変更する必要が生じました。その場合、500行ものプログラムの中から Average(Close,50) をすべて探し出し、その20箇所について修正していかなくてはいけません。ミスも考えられますし、何より煩雑な作業になります。

そこで登場するのが Inputs です。

既に登場しておりますが、改めてご紹介しましょう！　最適化ができる変数は Inputs（または Input）で宣言します。Inputs はパラメータを最適化できる変数を作ることができます。

Inputs：名前(パラメータ);

Inputs と Vars の役割の大きな違い。Vars にはなくて Inputs にあるもの。それが、パラメータの最適化を行えるという点です。

それでは、まず最適化はできませんが、いままでの知識を使って、Inputs ではなく、Vars を使ってパラメータの期間をプログラミングしてみましょう。期間には好きな名前をつけてもらって良いですが、ここでは Kikan という名前にしましょう。初期値は50を入れて、その後、30に変更してください。

Vars:Kikan(50);
Average(close,Kikan);　← 500行あるプログラム中にあと19箇所あることをイメージ。

Vars:Kikan(30);　←50から30に変更するだけで、プログラム中の

Kikanはすべて30になる。

```
Average(close,Kikan);
```

　このように1箇所を変更するだけで、プログラム中の期間は50から30に変更することができます。ミスなく便利ですね。

　では、練習です。下記のプログラムを記述してみてください。

【問題】30日間の平均値が今日の終値を超えたら買い、というプログラムを記述してみてください。いついくらは、this bar on close にします。また平均値の変数名はお好きな名前をつけてください。

【解答欄】

【解答】

```
Vars:Kikan(30);
vars:Heikin(0);
Heikin = Average(close,Kikan);

if Heikin > close then buy this bar on close;
```

　記述できましたでしょうか？　私は以前付けた Heikin という名前をつけました。

　では、パラメータを最適化したい場合はどうすればよいのか。Vars を Inputs に変更していただければ OK です。

```
Inputs:Kikan(30);  ← Vars を Inputs に変更するだけ。
vars:Heikin(0);
Heikin = Average(close,Kikan);

if Heikin > close then buy this bar on close;
```

　これで、パラメータを最適化することができるようになりました。
　一緒にエディタに書いてくださっている方はお気づきかと思います
がコンパイル後、同じ「Kikan」でも Vars なら薄い紫色に、Inputs
は赤色で記述されています。
　さて、ここまで知識が付いてきますと、ローマ字の変数名に違和感
があるのは私だけでしょうか。Kikan は英語で period とか term とか
ですから、例えば平均値の期間は「term_ave」、Heikin は計算結果で
すので calculate を使って「cal_ave」などの名前をつけるとプログラ
ムが読みやすくなりますよ。

```
vars:term_ave(30);
vars:cal_ave(0);
cal_ave = Average(close,term_ave);

if cal_ave > close then buy this bar on close;
```

　それでは、頭の体操をかねて問題に挑戦してみてください。

【問題】
Vars や Inputs、関数を使わず「30 日間の平均値が今日の終値を超え
たら買い」というプログラムを記述してみてください。いついくらは、
this bar on close でお願いします。

【解答欄】

【解答】

```
if ( Close + Close[1] + Close[2] + Close[3] + Close[4] + …
Close[29] )  / 30 > close then buy this bar on close;
```

　最適化ができないなど機能性の違いはありますが、このプログラムでも同じトレードを行いますので、けっして間違いではありませんよ。

　なぜこのタイミングで、このプログラムを皆さんにわざわざプログラミングしていただいたかと言いますと、プログラムにはいろいろな記述方法があるからです。

　言い換えれば、同じ振る舞いをする記述方法が複数存在します。

　重要なのは、関数を使いこなすことでもなく、ミスをなくすことでもなく「できること」。実は、べたで記述できると、なんでも作れるようになります。何事も、基本が重要ということだと思いますが、テクニックはあとからいくらでも身につけることができますので、どうか本書を読んでいる皆さんには、諦めず、「できる」を実感していただければと思っております。

　このプログラムは私からのメッセージです。

　ご自身にフィットした記述方法を見つけるのも、プログラムの醍醐味です。プログラムをビジネスにしている私としては、より短く記述することが求められます。短いほど、ミスがなく、スピードも速くなります。

　プログラムの面白いところは、実はミスが多く出るベタで記述する

方法が一番知識を有していないとできないということです。例えば、ボリンジャーバンド。意味は理解、計算式は不明、でも関数使っておこう、ってあるある話です。理解して、べたでプログラミングできる人はほんの一握り。そこまでを目指すとなると本書では不十分すぎますが、本書を読んでくださる皆さんにおかれましては、まずは「できる」を体感いただければと思っております。

　常に、「できる」を念頭においてください。私のように最適化しないという人ならば、Inputsを覚える必要はありません。あれっ、出す例が良くなかったですね。最適化は非常に便利な機能で、良い物差しになりますので、一度は使ってみるべき機能です。

　ということで、しっかりまとまったところで、次にいきましょう！

　次は、もう少し本格的に描画していきたいと思います。

　が、その前にここまでのことをゆっくり頭の中を整理してくださいね。

コラム～プロからのアドバイス～

　皆さん、こんにちは。ウエストビレッジインベストメントの岩本祐介と申します。本書の監修および著者西村のパートナーとして、度々登場させていただいています。

　本書は皆さんにシステムトレードの良さをもっと知ってほしいという思いから立ち上がった企画ですが、その思いは私も同じです。

　ここまで読んでみて、皆さんどんな感想をもたれたでしょうか？

　「難しい」「思ったより簡単だ」「メタトレーダーとは記述が違うから混乱するな」など、さまざまな感想があるかと思います。

　ここからはさらにプログラムの要素が強くなります。

　小難しい話ばかりだと皆さんが疲れてしまうのではという心配から、本書では西村の体験談がところどころに出てきますが、ここで私の経験も少しご紹介してみたいと思います。

　私がシステムトレードの世界に飛び込んでから、20年以上経過しました。そうそう、西村と出会った当時は、私がシステムトレードの師匠、西村が弟子。プログラムも最初のころは、私が西村に教えていましたっけ。そのころから弟子の熱量は激しく、いつの間にか対等の立場になっていました。。。（苦笑）

　私がシステムトレードを始めたころは、まだ日本では「システムトレード」という言葉が一般的でない時代。私のトレードの師匠（香港のトレーダー）が米 S&P500 先物（e-mini）を取引していたので、それに習って、私も S&P500 先物の取引をしていました。

　当時の米国では、トレードステーションを使った S&P500 デイトレのシステムトレードが個人投資家の間でも花盛りで、数多くの開発者がしのぎを削っていた時代。そんな中で師匠のシステムは、「FuturesTruth」というシステム評価会社（米国）の運用パフォーマ

ンストップ 10 の中に複数がランクインしていたので、私自身の運用
パフォーマンスも好調でした。

　その師匠に言われ続けた言葉。
「ウィニングエッジ（Winning Edge：投資の優位性）がなければ、
絶対にトレードしちゃいけないよ」

　そもそも私はバリバリの文系出身で、プログラムなんぞは全く知識
もなく、師匠の売買ロジックを見様見真似でプログラムを書いてい
ました。Winning Edge を得るために日夜、検証、検証、検証・・・
でした。

　現在では、メディアや皆さんの前でシステムトレードについて解説
している私も、文系畑のゼロスタート。そこで本書をきっかけに、こ
れからマルチチャートのプログラムを勉強される方に、一つアドバイ
スです。

　一から勉強するよりも、何か売買ルールが書かれたプログラムを見
て、徐々に慣れていく方が飽きずに勉強できると思います。

　本書のようなマルチチャートに限定している本は珍しいですが、さ
まざまなプログラム解説書があるので、それらを大いに参考にすると
よいでしょう。ただし、ネットに溢れている玉石混交の情報の取捨選
択には気を付けてください。

　西村も本書で話していましたが、完璧ではないプログラムや解説情
報なども巷には溢れていますので注意が必要です。

　多岐にわたるパンローリングの出版書籍の中でも、監修させていた
だいたジョージ・プルート著『**勝利の売買システム─トレードステー
ションから学ぶ実践的売買プログラミング**』はオススメです。また、
ケビン・ダービーの『**アルゴトレードの入門から実践へ**』や『**システ
ムトレード 検証と実践**』もいずれも良書ですので、プログラムに慣
れてきたら参考になると思いますよ。

第4章 インディケータを作成する思考を整理しよう

インディケータを作成しよう！

さて、ここからはオリジナルのインディケータなどを記述して、色などを付けて見やすくチャートに表示する練習に入ります。マルチチャートでお好きな銘柄の5分足チャートを表示させてください。

【練習問題1】
・当日の始値にラインを引く
　表示している銘柄によって当日の始値は違うため、8時45分の始値にラインを引いてください。
・前日の高値と安値にラインを引く
・ギャップを把握するためのラインを引く（前日の終値にラインを引く）
　当日の始値にラインは既に引きましたので、前日の終値にラインを引いてください。

　急に難しくなりましたか？　イメージできますか？
　描画した完成系をイメージすることは難しくないと思いますが、今回の練習問題をクリアするのに、皆さんに不足している知識はなんでしょうか。一つひとつ整理してみましょう。
　まず、いままでの知識で記述できるものはありますか？
　はい、ありますね。ではそこから記述してみましょう。まず、「当日の始値のラインを引く」を考えます。これはいままでの知識で記述することができますが、少し頭を柔軟にする必要があります。
　if〜then を使いますが、今回はその応用です。ここで、イフゼンと聞いた場合、呪文を唱えてください。
　呪文は？
　『if と then との間には売買条件。then の後はアクション。アクシ

ョンの後は、いついくら。』でした。

　今回は応用問題です。売買ではなく、描画。if と then の間には線
を引くための条件が入ります。ここは、以前学んだ知識と同じです。
今回の条件は8時45分です。そして今回は売買ではなく描画ですの
で、if と then の間にはいままでと同様に条件が入ります。

then のあとは、アクション、いついくらではなく、**条件を指定し
た変数が入ります。**

　もし8時45分の条件を満たした場合に、始値が入ります。始値は
毎日変わるので、変数にする必要があります。変数を定義して、「Plot
（値、"名前"）；」を使って描画する記述を考えます。

　皆さん、考えはまとまりましたか？　できる部分を記述してみてく
ださい。

【解答欄】当日の始値のラインを引く

【解答例】

vars:today_open(0);

```
if time = 0845 then today_open = open;

plot1(today_open,"T_open");
```

【解説】

if ～ then の間はどのような状況でも、条件が入ります。

　さて、then のあと。ここを深掘りしましょう。8時45分の時の

始値ですから open を使うのと、毎日の始値ですから変数を使います。毎日の始値と聞いて、変数をすぐに想像できたらパーフェクト。そして、代入の登場。代入は右辺から左辺、と既に皆さんはご存じですね。

　ではこれを踏まえてもう一度、プログラムを見てみましょう。

・当日の始値のラインを引く

1）始値に代入する変数を用意し、任意の名前で命名

　vars:today_open(0);

2）代入のルールは右辺から左辺

　today_open = open;

3）条件を加える

　if time = 0845 **then** today_open = open;

4）最後に描画（変数に線を引く）。Plot に数字をふり、お好きに命名

　plot1(today_open,"T_open");

　ここをご理解いただければ、世界は格段に広がります。

　こことは、if then の変数定義。これができれば自由自在に価格を指定できます。さて、あとでまとめますので、次にいきます。

　「前日の高値と安値にラインを引く」を考えましょう。当日の高安も教えてもらってないのに、しかも前日。

　以下の予約語（リザーブワード）を使いますよ。これを踏まえて、もう一度考えてみましょう。ちなみに、当日の高安などは確定していないので予約語は使えませんが、前日以前なら便利なワードです。

種　類	意　味
HighD(1)	前日の高値
LowD(1)	前日の安値
CloseD(1)	前日の終値

便利な予約語ですが、・・・なんで？

前日を表現するのは [ ] と聞いたぞ。皆さん、そう思ったはずです。( ) カッコではなく、[ ] カッコでは？と。そうなんです。なぜか、ここは ( ) カッコなんですよ。[ ] だとエラーになりますので、お気を付けを。

カッコは以前もお伝えしたとおり、実際にふれていただいて理解するしかないというのが本質です。この予約語を踏まえて、「前日の高値と安値にラインを引く」を考えていきましょう。

【解答欄】前日の高値と安値にラインを引く

_____

【解答例】

```
vars:yesterday_high(0);
vars:yesterday_low(0);

yesterday_high = highD(1);
yesterday_low = lowD(1);

plot2(yesterday_high,"Y_high");
plot3(yesterday_low,"Y_low");
```

【解説】

ここでは、前日の高値と安値の2つについて記述します。それぞれ

毎日変わる値を取得したいため、変数を宣言することは先ほどと同じです。今回の変数には条件がないため if then は不要になりますので、下記のような記述方法になります。

```
yesterday_high = highD(1);
```

最後に描画の Plot を 2 つ分書けば、ここまでは OK です。

では、いままでの記述を活用して「ギャップを把握するためのラインを引く（前日の終値にラインを引く）」のプログラミングに挑戦してみてください。

【解答欄】ギャップを把握するためのラインを引く（前日の終値にラインを引く）

【解答例】
```
vars:yesterday_close(0);
yesterday_low = closeD(1);

plot4(yesterday_low,"Y_low");
```

どうですか？　ここまでくれば、これまでの知識があるから簡単でしたよね。

では、すべてのプログラムをまとめます。

【練習問題 1　サンプルコード】

```
1  vars:today_open(0);
2  vars:yesterday_high(0);
3  vars:yesterday_low(0);
4  vars:yesterday_close(0);
5
6  if time = 0845 then today_open = open;
7  yesterday_high = highD(1);
8  yesterday_low = lowD(1);
9  yesterday_close = closeD(1);
10
11 plot1(today_open,"T_open");
12 plot2(yesterday_high,"Y_high");
13 plot3(yesterday_low,"Y_low");
14 plot4(yesterday_close,"Y_low");
```

【表示サンプル】

【練習問題２】

ピボット・ポイントを記述し、５分足チャートに表示させよう。

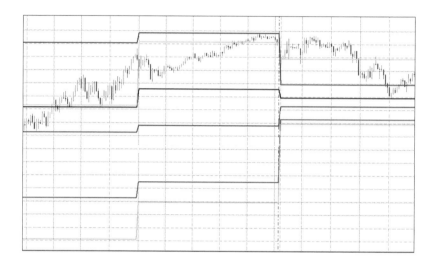

ピボット・ポイント（Pivot）の計算式は以下のとおりです。

■ ピボット・ポイント（Pivot）

= （前日高値＋前日安値＋前日終値）÷3

　　・第1次下値支持線（B1）＝2×Pivot－前日高値

　　・第2次下値支持線（B2）＝Pivot－前日高値＋前日安値

　　・第1次上値抵抗線（S1）＝2×Pivot－前日安値

　　・第2次上値抵抗線（S2）＝Pivot－前日安値＋前日高値

　　・LBOP（ロー・ブレイクアウト・ポイント）

　　　＝2×Pivot－2×前日高値＋前日安値

　　・HBOP（ハイ・ブレイクアウト・ポイント）

　　　＝2×Pivot－2×前日安値＋前日高値

※それぞれの値の計算期間は１日間とします。計算の切り替えは日が
変わったタイミングとします。

【解答欄】

書くことが多すぎて、どうやって考えていけばいいか分からない！
と思った方、大丈夫。一つひとつ考えていきましょう。

　解答に行く前に、記述するためのコツをお話したいと思います。皆
さんはどこから思考して、プログラムを記述しようとしていますか？

　参考までに、私がどこから考えているかをお話したいと思います。
私の思考の流れを知ることで、皆さんの思考もより整理されるかもし
れません。なお、難なく記述できた方は読む必要はありませんので、
次の問題に進んでください。

【ステップ1】表示するインディケータをイメージする

> Q. 何本の線を引く？
> ⇒7本。Plotで定義するのは全7つだな。

1) ピボットポイント
2) 第1次下値支持線
3) 第2次下値支持線
4) 第1次上値抵抗線
5) 第2次上値抵抗線
6) LBOP（ロー・ブレイクアウト・ポイント）
7) HBOP（ハイ・ブレイクアウト・ポイント）

【ステップ2】宣言する変数をイメージする

> Q. 7本のラインで変数はいくつ必要かな？
> ⇒10だからVarsで10個の変数を宣言しよう。

1) 前日高値
2) 前日安値
3) 前日終値
4) ピボット・ポイント
5) 第1次下値支持線（B1）
6) 第2次下値支持線（B2）
7) 第1次上値抵抗線（S1）

8）第2次上値抵抗線（S2）

9）LBOP（ロー・ブレイクアウト・ポイント）

10）HBOP（ハイ・ブレイクアウト・ポイント）

【ステップ3】変数に任意で名前をつける

> よし。それぞれの変数に名前をつけよう。

1）前日高値・・・・・・・・・yesterday_high

2）前日安値・・・・・・・・・yesterday_low

3）前日終値・・・・・・・・・yesterday_close

4）ピボット・ポイント・・・pivotline

5）第1次下値支持線（B1）・・B1

6）第2次下値支持線（B2）・・B2

7）第1次上値抵抗線（S1）・・S1

8）第2次上値抵抗線（S2）・・S2

9）LBOP・・・・・・・・・LBOP

10）HBOP・・・・・・・・・HBOP

【ステップ4】Vars に宣言した変数名に初期値を入れる

> 初期値は0、セミコロンを忘れずに記載と。

1）前日高値・・・・・・・・・vars:yesterday_high(0);

2) 前日安値・・・・・・・・・vars:yesterday_low(0);

3) 前日終値・・・・・・・・vars:yesterday_close(0);

4) ピボット・ポイント・・・・vars:pivotline(0);

5) 第1次下値支持線（B1）・・・vars:B1(0);

6) 第2次下値支持線（B2）・・・vars:B2(0);

7) 第1次上値抵抗線（S1）・・・vars:S1(0);

8) 第2次上値抵抗線（S2）・・・vars:S2(0);

9) LBOP・・・・・・・・・・vars:LBOP(0);

10) HBOP・・・・・・・・・・vars:HBOP(0);

【ステップ5】名前をつけた変数に値を代入する

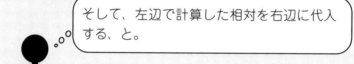

そして、左辺で計算した相対を右辺に代入する、と。

yesterday_high = HighD(1);

yesterday_low = LowD(1);

yesterday_close = CloseD(1);

pivotline = (yesterday_high + yesterday_low + yesterday_close)/3;

B1 = 2 * pivotline - yesterday_low;

B2 = pivotline – S1 + B1;

S1 = 2 * pivotline - yesterday_high;

S2 = pivotline – B1 + S1;

LBOP = (2 * pivotline) – ((2 * yesterday_high) - yesterday_low);

HBOP = (2 * pivotline) + (yesterday_high – (2 * yesterday_

low);

【ステップ6】 条件追加の有無

> Q. 変数の計算に際して、条件は必要かな？
> ⇒必要。計算は1日間に限定したいから if ～
> then ～を使う必要があるな。日付が変わるタイ
> ミングで値を切り替えるようにしよう。

例えば24時間マーケットなら、どのタイミングで
計算を区切るのか。

if date > date[1] then yesterday_high = HighD(1);

if date > date[1] then yesterday_low = LowD(1);

if date > date[1] then yesterday_close = CloseD(1);

if date > date[1] then pivotline = (yesterday_high + yesterday_low + yesterday_close)/3;

if date > date[1] then B1 = 2 * pivotline - yesterday_low;

if date > date[1] then B2 = pivotline - S1 + B1;

if date > date[1] then S1 = 2 * pivotline - yesterday_high;

if date > date[1] then S2 = pivotline - B1 + S1;

if date > date[1] then LBOP = (2 * pivotline) - ((2 * yesterday_high) - yesterday_low);

if date > date[1] then HBOP = (2 * pivotline) + (yesterday_high - (2 * yesterday_low));

【ステップ7】Plot を用いて線を引く

よし、あとは描画の記述で完成だ。

```
Plot1(pivotline,"pivot");
Plot2(B1,"B1");
Plot3(B2,"B2");
Plot4(S1,"S1");
Plot5(S2,"S2");
Plot6(LBOP,"LBOP");
Plot7(HBOP,"HBOP");
```

　実際には一つひとつ考えるまでもなく指が動いているのですが、皆さんの思考の流れと比べていただきたくてこのような説明にしました。いかがですか？　私の頭の中はこのような流れでプログラムを考えています。

　描画する場合は、まず「何本の線を引くのか」、「その線を引くために使う変数はいくつ用意するのか」、「変数に代入する値の計算方法や計算するに際して条件は必要か」というような順番です。

＊＊＊＊＊＊＊＊＊＊【補足コーナー】＊＊＊＊＊＊＊＊＊＊＊

　皆さん、ここまででいかがですか？　プログラムって難しいよねって尋ねられると、いつも返答に困るんです。なぜかと言いますと、大抵の場合がプログラム以外の問題のことが非常に多いからです。これをプログラム以外と言っていいのかやや極端な気もしますが……。

　圧倒的1位は、チャートの表示と記述するプログラムのワードがか

みあっていない点でしょうか。

　High[1] で考えてみてください。チャートで日足を表示してプログ
ラミングしているなら、High[1] は前日の高値。しかし分足を表示し
てしている方のプログラムなら、High[1] はカレントバーの一つ前の
高値となります。このことは、本書を読んでくださった皆さんなら
「何をいまさら」と思われるかもしれませんが、これが混乱のもとに
なりがちなんです。

　次に多いのは、よくよくお聞きすると、記述できる知識はあるのに
プログラミングがうまくいかないというケースです。感覚的な表現で
すが、英単語は分かるけど英語が話せない、という感覚に似ているの
かもしれません。プログラムのワード（単語）は知っているのに記述
できない。

　いろいろな記述方法があるためにどう記述してよいか迷ってしまっ
たり、自由度が高いゆえにまだ頭の中でまとまっていない場合に「あ
れでもいいし、これでもいいし、ところでどうすればいいの？」とな
って、まとまりを欠いてしまう。

　今後、ご自身でプログラムを作っていくなかで、どこか一つ書けな
いと成立しない、どうしたらよいか分からない、となってしまうこと
もあるかと思います。当然のことです。

　そして、どうしても分からないものが出てくるとそればかり考えて
しまいます。そのため皆さんに心がけていただきたいのは、いったん
90％ にして、あとの 10％ を考えて記述するというスタイルです。つ
まり、ゼロで終わらせない。

　はっきり言えます。ゼロで終わるのは、皆さんが悪いのではなく、
やり方が間違っているだけなんです。

　先の問題もすでに知識としては、すべてご紹介しているものです。
if date > date[1] then は記述できなくても、他の部分はできたという
方は多かったと思います。if date > date[1] then を見て、知識として

は分かるけど「どういう意味」ってなりますよね？

　そのためには、「どこからどこまで線を引くか」を考えるともっと分かりやすいかもしれません。つまり、線を変更するタイミングですね。今回は、日付が変わるタイミングで線を引くのを変更しましたが、違うタイミングで線を引き直したいという局面もあるかと思います。

　ここでは、どのタイミングで線を引き直すかがイメージできれば、プログラムは不明でも、条件を記述するということは頭に浮かぶかもしれません。あとは、タイミングの条件が書ければパーフェクト！

　記述できなかったとしても、今回のプログラミングに必要なすべての要素は頭に思い描けたわけですから、もう合格です。あとは知識を具体化するだけです。この問いで重要なのは、すべての要素を思考できたかです。それを試すための例題でした。

＊＊＊＊＊＊＊＊＊＊＊＊＊＊＊＊＊＊＊＊＊＊＊＊＊＊＊＊＊＊

　では、サンプルの解答です。

【練習問題2　サンプルコード】

```
vars:yesterday_high(0);
vars:yesterday_low(0);
vars:yesterday_close(0);
vars:pivotline(0);
vars:B1(0);
vars:B2(0);
vars:S1(0);
vars:S2(0);
vars:LBOP(0);
vars:HBOP(0);

if date > date[1] then yesterday_high = HighD(1);
if date > date[1] then yesterday_low = LowD(1);
if date > date[1] then yesterday_close = CloseD(1);
if date > date[1] then pivotline = (yesterday_high + yesterday_low + yesterday_close)/3;
if date > date[1] then B1 = 2 * pivotline - yesterday_low;
if date > date[1] then B2 = pivotline - S1 + B1;
if date > date[1] then S1 = 2 * pivotline - yesterday_high;
if date > date[1] then S2 = pivotline - B1 + S1;
if date > date[1] then LBOP = (2 * pivotline) - ((2 * yesterday_high) - yesterday_low);
if date > date[1] then HBOP = (2 * pivotline) + (yesterday_high - ( 2 * yesterday_low));

Plot1(pivotline,"pivot");
Plot2(B1,"B1");
Plot3(B2,"B2");
Plot4(S1,"S1");
Plot5(S2,"S2");
Plot6(LBOP,"LBOP");
Plot7(HBOP,"HBOP");
```

【表示サンプル】

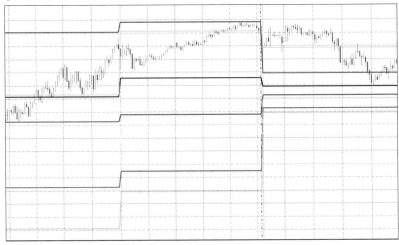

【練習問題3】

　先に示した思考の流れのように必要な要素を頭の中で整理して、今度は一目均衡表を記述して日足チャートに表示させてみましょう。

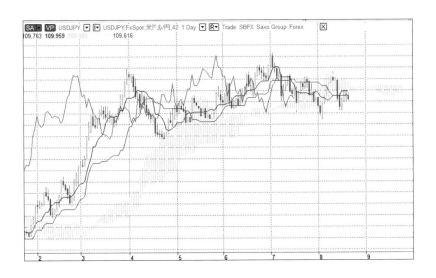

一目均衡表の計算式は以下のとおりです。

■ 一目均衡表

- 転換線：（9 日間の高値 + 9 日間の安値）÷ 2
- 基準線：（26 日間の高値 + 26 日間の安値）÷ 2
- 先行スパン 1：（直近の転換線 + 直近の基準線）÷ 2
  ※ 26 日間先行させてチャートに表示する。
- 先行スパン 2：（52 日間の高値 + 52 日間の安値）÷ 2
  ※ 26 日間先行させてチャートに表示する。
- 遅行スパン：直近の終値を 26 日間過去（遅らせて）チャートに
  表示する。
- 雲（帯）：先行スパン 1 と先行スパン 2 の間に形成される空間を
  塗りつぶして表示する。

はっきり言って、この問題は本書のなかで一番難しいかもしれません。ここまでで登場していないワードを 2 種類使うからです。Plot でも応用的な記述方法が要求されます。

ご紹介するか悩みましたが、マルチチャート、そしてプログラミングの可能性を感じていただきたく、せっかくなので挑戦したいただきたいと思います。

先生と一緒に、レッツ・チャレンジ！

○ポイントとなる記述

まずはそれらを紹介しましょう。

- Highest（価格、期間）　と　Lowest（価格、期間）
- Plot 数字 [－期間]　と　Plot 数字 [期間]

1 種類目の解説からです。

　Highest（価格、期間）は 20 期間など、ある期間の中での最も高い価格を表します。価格はこれまでと同様、始値、高値、安値、終値から選択するのが基本です。

　例えば、20 期間の高値の中で最高値を記述すると下記になります。

```
Highest(High, 20)
```

　であれば、Lowest（価格、期間）は推察できますね。こちらは、ある期間の中での最も低い価格を表します。価格は同様に四本値から選択します。

　例えば、20 期間の安値の中で最安値を記述すると下記になります。

```
Lowest(Low, 20)
```

　次に 2 種類目の解説です。一目均衡表には「先行スパン」があります。このようにチャートに「先行」させて表示するような場合には、Plot 数字 [－期間] という記述方法になります。期間の前の「－」はマイナス記号です。

　Plot 数字の「数字」は、通し番号が基本でしたね。また [　　] は半角です。全角のカッコにならないように注意してください。

　では、20 期間を先行させる場合です。

```
Plot1[-19]
```

　一目均衡表には「遅行スパン」もあります。こちらはチャートを過去に「遅らせて」表示したい場合です。Plot 数字 [期間] とします。

　例えば、20 期間を遅行させる場合は下記になります。

Plot2[19]

＊＊＊＊＊＊＊＊＊＊【なぜなにコーナー】＊＊＊＊＊＊＊＊＊＊

「あれっ、20期間なら Plot2[20] じゃないの？」と思った方。カレントバーをお忘れではないでしょうか。念のため、おさらいです。close ベースで考えてみましょう。

カレントバーの close を [ ] で表すと close[0] となります。20 期間の終値は、カレントバーを含めて 20 期間を遡ることになります。つまりカレントバー [0] を入れての 20 カウントなので、20 期間ならば [19] となります。関数などのパラメータ（引数）はゼロからカウントしないため、混乱された方もいるかもしれません。そこで、再確認させていただきました。

遅行スパンは、価格を過去に遅らせて（ずらして）表示するものです。カレントバーから遡る場合は close[1] のように [ ] で記述します。Plot で描画するときにも遡る場合には同じ発想で使えると理解していただければよろしいかと思います。

では、描画を先行させたい場合は？　先行とは、描画内容を未来に向かってずらすことですね。遅行させるときは、正の整数で記述しましたよね。よって先行させる場合は負の整数、つまりカレントバーから [−] マイナスを使います。

一目均衡表に慣れていないと、[−] マイナスの記述方法だけを見た方は結構誤解してしまいますので、描画で使う記述方法だとご理解ください。

また、ここで誤解してはいけないのは、**確定している価格が表示されている**ということです。考え方としては、1）確定している価格を描画、2）その描画を未来にずらす、という流れです。けっして**未来の値を描画しているわけではありません**ので、ご留意ください。

＊＊＊＊＊＊＊＊＊＊＊＊＊＊＊＊＊＊＊＊＊＊＊＊＊＊＊＊＊＊

　では、この2点を踏まえてinputsを使わないプログラム内容でチャレンジしてみてください。

【解答欄】

　どうですか。書けましたか？　では、解答例です。

【Inputsを使わない記述例】

```
 1  Vars:StandLine(0);
 2  Vars:TurnLine(0);
 3  Vars:Span1(0);
 4  Vars:Span2(0);
 5
 6  StandLine = (Highest(High, 26) + Lowest(Low, 26))/2;
 7  TurnLine  = (Highest(High, 9) + Lowest(Low, 9))/2;
 8  Span1 = (StandLine + TurnLine)/2;
 9  Span2 = (Highest(High, 52) + Lowest(Low, 52))/2;
10
11  plot1(StandLine,"Standard");
12  plot2(TurnLine,"Turning");
13  plot3[-25](Span1,"Span1");
14  plot4[-25](Span2,"Span2");
15  plot5[25](Close,"Delay");
```

【Inputs を使った記述例】

```
 1  inputs:Standard(26);
 2  inputs:Turning(9);
 3  inputs:Delayed(52);
 4
 5  Vars:StandLine(0);
 6  Vars:TurnLine(0);
 7  Vars:Span1(0);
 8  Vars:Span2(0);
 9
10  StandLine = (Highest(High, Standard) + Lowest(Low, Standard))/2;
11  TurnLine  = (Highest(High, Turning) + Lowest(Low, Turning))/2;
12  Span1 = (StandLine + TurnLine)/2;
13  Span2 = (Highest(High, Delayed) + Lowest(Low, Delayed))/2;
14
15  plot1(StandLine,"Standard");
16  plot2(TurnLine,"Turning");
17  plot3[-25](Span1,"Span1");
18  plot4[-25](Span2,"Span2");
19  plot5[25](Close,"Delay");
```

　さて、一目均衡表インディケータが完成したら、すぐにでもチャート上に表示したいところですが、ここで注意が必要です。一目均衡表は先行スパンをチャートの前に表示しなければいけません。また、雲の描画も一目均衡表の特徴ですよね。

　そこで、それらを正しく表示するための設定をご紹介します。

○正しく表示させるための設定

　第2章の中で「複数のインディケータの表示」でRSIを表示したのを覚えていますでしょうか。オシレーター系指標はサブウィンドウとして価格チャートとは別に表示されていましたね。

　自作インディケータも事前に設定をしないと、サブウィンドウに表示されてしまいます。そこで、価格チャート上に描画したり、先行スパンを雲として表示させる設定を□ Use as Default にチェックを入れて保存します。

　まずは先行スパンを正しく表示させるための設定からです。

1）チャートを表示した段階で「Format」から「Window」をクリ
ックして設定画面を表示

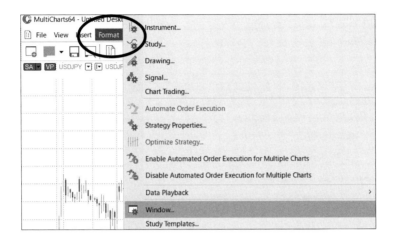

2）「X-Time Scale」タブの中で「ChartShift」欄を「Bars」に変更
して数字を 30 と入力して OK

ここでは 30 で入れましたが、26 以上であれば OK です。

1）「Insert Study」から自作インディケータの選択し、□ Format
にチェックして、設定画面を開く

2）「Properties」タブの「SubChart」で「SubChart#1」を選択し、
□ Use as Default にチェックを入れる

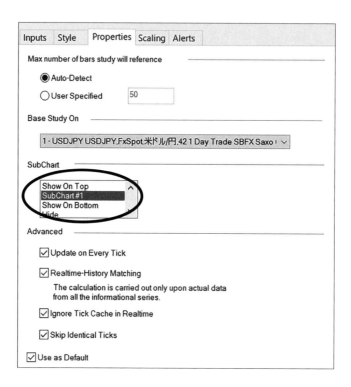

3）「Scaling] タブの「Scaling Range」で「Same as Instrument」を選択し、□ Use as Default にチェック

4）「Style」タブで、Span1 を「Bar High」に、Span2 を「Bar Low」に Type を変更し、□ Use as Default にチェック

【表示サンプル】

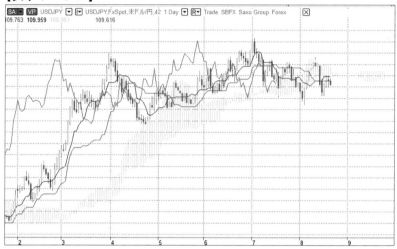

　さて、モノクロなので、分かりづらいかもしれませんが、先行スパンも雲も描写できていますよね。

　一目均衡表をご紹介した理由としては、描画内容をずらすことができるということをお伝えしたかったことも目的の一つです。自分でプログラミングができるようになると、「これはできるのかな？」「どうやって書くのかな？」と疑問にわきますよね。とても大切なことだと思います。その疑問を形にするお手伝いができればと思いました。

　また一目均衡表はインディケータとしても人気があるため、興味をお持ちの方も多いのではないかと思い、プログラムの内容にやや応用的な表現もでてくるため紹介するのに悩みながらも、先行・遅行という表現もプログラミングできることをご理解いただきたく紹介いたしました。

　そのため、あえてプログラムをまとめたり、解説をしたりしませんでした。プログラムについては、ほかの章でがっつりまとめて解説しておりますので、そちらを参照してください。

第5章

自動売買システムの構築

- 自動売買システムを構築してみよう

- 戦略に名前をつけよう！

自動売買システムを構築してみよう

　皆さん、お待たせしました。ついに待望のシステム構築となります。心の準備は ready でしょうか。既に自動売買システムを構築する知識は 9 割程度お話してきましたが、ここからは、いままで出てきたものをまとめつつ、自動売買システムを構築するに際して便利なワードも合わせて解説させていただきます。

　断片的な知識を組み立てて行く集大成になります。いままでの知識をしっかり体系化して解説していきたいと思いますので、皆さんも復習をかねて、心してお読みください。

　まずは、システムの構造からお話していきますが、基本はこれまで何度も出てきた呪文の分解です。

> if 売買条件 then アクション いつ いくら；

　呪文が唱えられましたら、念頭においていただきたいことがあります。それは、これからお話する順番です。呪文の then のあとのアクション、いつ、いくらの順番にまとめていき、その後、自動売買システムのプログラム構造ですべてを体系化していく流れになります。

　では早速、見ていきましょう。

自動売買システム構築の体系化

ⅰ. 注文命令〜売買アクションキーワード〜

　呪文に登場する「アクション」ワード。自動売買システムを構築するうえで、どちらの方向にポジションをとるかを指示する重要なワードとなります。

　新規のポジションをとるワードは2つ。決済に使用するワードは2つ。Sell と Sellshort を混同しないように留意してください。

種　類	意　味
Buy	新規の買い建て
Sellshort	新規の売り建て
Sell	買い建ての決済
Buytocover	売り建ての決済

　後ほどしっかり体系化していきますがその前に、少し思考の練習をしましょう。問題です。皆さんは既に Buy のアクションをしています。これはどういう意味でしょうか。

　そうです。「Buy のポジションを持っている」ということですね。ではその状態で、そのあとにとれる「アクション」ワードはいくつでしょうか？　また、どれでしょうか？

　2つですね。Buy のポジション決済をするために Sell が必要になりますよね。また、Buy のポジションから売りのポジションにとりなおしたい場合、すなわちドテンしたい場合はどうなりますか？　そうです。Sellshort になりますね。

　つまり、ポジションの状態によってその後のアクションが変わってきます。

○ポジションの状態

　売買アクションの動作をさらに理解していただくためにも、ポジションの状態と関連させて解説していきます。

　売買アクションは、ポジションの状態を表現する「**Marketposition**」というワードを使用すると便利です。現在のポジションの状態を表現するワード、つまり「買いポジション保有」「売りポジション保有」「何も保有していない」の３つを表すのに使うのが「Marketposition」です。

種　　類	意　　味
Marketposition = 1	買いポジションを保有
Marketposition = -1	売りポジションを保有
Marketposition = 0	何も保有していない

　MarketPosition = 0（何も保有していない）の時に Buy（新規買い建て）するとか、MarketPosition = - 1（売りポジション保有）の時に Buytocover（売り建ての決済）するなど、システムを構築していくうえでは非常に重要な状況を記述することになります。

　一つイメージしてみましょう。

　MarketPosition = 0（何も保有していない）の時に買い建ての決済を示す Sell を使うことはできませんよね。MarketPosition = 0の時は、Buy と Sellshort が可能なアクションとなります。

　この「MarketPosition」はアクションと密接な関係にあることがなんとなくお分かりいただけたと思います。ならば「MarketPosition」が呪文のどこに入るかイメージできますか？　消去法で考えれば分かったのではないでしょうか。

　そう！　if と then の間に入ります。使い方は下記のようになります。

```
if MarketPosition = 0 then buy this bar on close;
```

買いのアクションをするのは、何も保有していない時ですからね。

なお、MarketPosition = 0 は常に必ず書くということではありません。ならば、いつ必要なのか。

そうです。決済のポジションとセットに考えていただければ、ひとまずはよろしいかと思います。

MarketPosition 値	ポジションの状態について
= 1	買いポジションの状態を表現。 持っている株数、枚数にかかわらず 1 となる
= -1	売りポジションの状態を表現。 持っている株数、枚数にかかわらず -1 となる

マーケットポジションという響きから、ロット（lots）と誤解される方が多いのですが、MarketPosition はあくまでポジションの状態のみを示しています。現在、**何枚・何株保有しているかを示しているわけではありません**ので留意してください。

○売買アクション〜基本編〜

ポジションの状態とアクションの関係をすべて見ていきましょう。

MarketPosition 値	実際に保有しているポジション	可能なアクション
= 1	買いの状態	Sell or Sellshort
= -1	売りの状態	Buytocover or Buy
= 0	何もない状態	Buy or Sellshort

実際に if 〜 then 構文にあてはめてみます。

```
If MarketPosition = 1 then Short or Sellshort いついくら;
If MarketPosition = -1 then Buytocover or Buy いついくら;
If MarketPosition = 0 then Buy or Sellshort いついくら;
```

アクションを行った後のポジションはどうなるでしょうか。細分化して確認します。

MarketPosition 値	現在の ポジション	アクション	アクション後の ポジション
= 1	買いの状態	Sellshort	買いから売り （ドテン売り）の状態
		Sell	決済してポジションなし
= -1	売りの状態	Buy	売りから買い （ドテン買い）の状態
		Buytocover	決済してポジションなし
= 0	何もない状態	Buy	新規で買いの状態
		Sellshort	新規で売りの状態

○売買アクション〜応用編〜

下記のようにノットイコールで表現することもできます。

MarketPosition 値	現在の ポジション	アクション	アクション後の ポジション
<> 1 買いの状態以外 という意味	売りの状態	Buy	買いの状態
		Sell	ポジションなし
	何もない状態	Buy	買いの状態
		Sellshort	売りの状態
<> -1 売りの状態以外 という意味	買いの状態	Sellshort	売りの状態
		Buytocover	ポジションなし
	何もない状態	Buy	買いの状態
		Sellshort	売りの状態
<> 0 何もない状態以外 という意味	売りの状態	Buy	買いの状態
		Sell	ポジションなし
	買いの状態	Sellshort	売りの状態
		Buytocover	ポジションなし

売買アクションの応用編は基本編をしっかり整理・理解なさってから見てください。まずは一旦、ドテンは忘れて以下の内容がご理解いただければ OK です。

MarketPosition = **1**　⇒　買いポジションを保有している時の
　　　　　　　　　　　　アクションは「Sell」

MarketPosition = **-1**　⇒売りのポジションを保有している時の
　　　　　　　　　　　　アクションは「Buytocover」

MarketPosition = **0**　⇒　ポジションを保有していない時の
　　　　　　　　　　　　アクションは「Buy」と「Sellshort」

ⅱ. 発注の種類別記述方法　〜　直ぐに発注、待って発注　〜

○いつのタイミング

呪文のなかで、アクションの次に登場する「いつ」。これまでは、this bar on close だけを使って練習してきましたが、アクションを起こすタイミング、すなわち「**いつ**」**には2種類**あります。直ぐに発注する「This Bar」と待って発注する「Next Bar」です。

タイプ	プログラム	注文形態
直ぐに発注	This Bar on close;（成り行き）	成り行き注文のみ
待って発注	Next Bar at 110.50 Limit;（指値） Next Bar at 109.50 Stop;（逆指値） Next Bar at Market;（成り行き）	指値注文 逆指値注文 成り行き注文

this bar と next bar の違いって最短1秒程度の違いなのになぜって思った方います？　良い質問ですね。

例えば5分足チャートを表示しているとして、今が14時55分と

します。とすれば、this bar は 14 時 55 分を意味し、next bar は 15 時 00 分を意味します。5 分足で言うと、this bar と next bar って最短 1 秒、最長 4 分 59 秒の違いです。this bar on close と next bar at market は、14 時 55 分 00 秒と 14 時 55 分 01 秒のわずか 1 秒しか違いがありません。これって必要なのかと疑問に思う人はいますよね？

疑問に思った方だけ、ここはお読みください。

前提条件を、イメージしやすいように個別株のとある銘柄の日足だとしましょう。this bar は今日の日足の終値になりますよね。そして next bar は次の日の寄付きの価格になるのはお分かりいただけると思います。分足では先ほど同様 1 秒の違いですが、日足では 1 日の違いになります。

さらに詳しいことは、すべてをご紹介してからまとめる時に解説させていただきます。

○いくら（注文価格）の設定

さてここまでで、「アクション」「いつ」を解説しました。次にくるのは「いくら」ですね。「**いくら**」には**3 種類**あります。

価格を指定しない「成り行き」注文。そして、市場で形成される価格に任せる注文方法 —— 価格を指定する「指値、逆指値」注文の全 3 種です。

指値注文は、買う場合には現在の価格より下に、売る場合には現在の価格より上に発注する注文方法です。逆指値注文の場合で買う場合には一定の水準まで上昇したら、売る場合には一定の水準まで下落したら発注する注文方法です。

タイプ	プログラム（意味）	注文形態
価格を 指定しない	at Market; (成り行き)	市場で形成される価格に任せる 売買注文
価格を 指定する	at 110.50 Limit; (指値)	買う場合は現在の価格より下に、 売る場合は現在の価格より上に出す 売買注文
	at 109.50 Stop; (逆指値)	買う場合は一定の水準まで上昇した ら、売る場合は一定の水準まで下落し たら出す売買注文

「いつ」と「いくら」はセットで押さえてください。セットとは、以下の4種類となります。

```
this bar on close;
next bar at market;
next bar at 価格 limit;
next bar at 価格 stop;
```

※注意
this bar at 価格 limit;や
this bar at 価格 stop;とは
記述しません。

ここは覚えてしまうところで、皆さんあまり理解はしていないけど使いこなせている印象という箇所ですが、一応説明させてください。

価格を指定しない「成り行き」注文は、確定した価格でしか注文できません。

では、5分足チャートで確定した価格は何種類ありますか？

Yes！　2種類、始値と終値ですね。この確定した価格で、成り行き発注は行えます。よって「this bar on close」と「this bar at open」と考えがちですが、this bar at open ではなく、next bar at market となります。

成り行きなのに確定した価格でしか出せないのは不便だなと思う方もいるかもしれませんが、発注のタイミングが重要であればチャートのデータを tick にすることで、常に確定した価格になりますから、

this bar on close でお好きなタイミングで発注することができます。

　これはテクニカル的な話なので、もう少しプロらしい説明をしましょう。

　自動売買システムを構築する目的の一つとして、自分の運用するアイデアが過去のマーケットでどうであったのかというバックテスト（仮想売買の結果）があります。仮想売買の結果は、エントリー価格からエグジット価格を引いて損益がでるわけですが、このエントリー価格とエグジット価格は、確定したもの、もしくは指定したもの、にしか使えないというだけのお話です。

　「成り行きは確定した価格だけ」と言うのは正しい説明なのですが、間違った印象を与えがちで、「できることに制限があるんですね」とよく言われます。それはプログラム"だけ"を考えているからだと思います。

　先にもお伝えしましたが、プログラムが動くタイミングは皆さんが表示するチャートの時間に依存します。1分足チャートも可能ですし、1秒チャートも可能です。なぜ誤解する人が多いのかというと、ちょっと悪口に聞こえてしまうかもしれませんが、メタトレーダーにはチャートの制限があるということのようです。そのためプログラムが動くタイミングが、チャートの時間に依存するということをご存じない人が多いんですね。

　表示しているチャートが15分足でも tick で動くので、メタトレーダーの方が優秀だと思っている人が多いんです。これ以上言うと、あまり私も気分が良くないので、これくらいで勘弁させていただきますが、厳密に、かつ正確にできるのは、マルチチャートとだけお伝えさせていただきます。

　では、話をプログラムに戻します。

・成り行き注文

　成り行きは、確定した価格で出す。確定した価格は終値と始値。チャートに tick を表示している場合は、tick はすべて終値扱い。

　　成り行き終値・・・this bar on close;
　　成り行き始値・・・next bar at market;

　なぜ成り行き始値が「next bar at open;」でないかは、テクニカル分析の歴史やプログラムの歴史をお話しないと正確に解説ができません。あまりにも説明が長くなりますので、すみません。ここはなにとぞ、「next bar at market;」と記述するでお許しください。

・指値注文

　では次に、指値と逆指値の指定した価格です。

　これも言葉を換えれば、確定した価格です。先ほどと同じ理屈ですが、イメージできますか？　約定しないということは、その価格をマーケットがつけなかった。指定した価格にならなかっためプログラムは当然動かない、という理屈になります。つまり、約定した場合を前提に考えるということは、マーケットが指定した価格を付けることを意味します。

　思い出してください。プログラムは確定したものを前提にしか動きません。「プログラムが動くことを前提にプログラミングする」ことを忘れないでください。

　ではなぜ？　this bar at 価格 limit; や this bar at 価格 stop; ではなく、next bar at 価格 limit; や next bar at 価格 stop; と記述するのかということですよね？なぜ　next なのか疑問に思いますよね？

　結論から言いますね。next bat と記述するため次のバーからしかエントリーしないような誤解を与えてしまいますが、指定したバーか

ら入ります。つまり、this bar で入るということです。えーー、なんで this bar じゃないの？？って思いますよね。なぜの理由の解説はこれまた長尺になってしまいますので、割愛させていただきます。まあ、割り切って覚えていただいてよいところかと思います。

どうしてもという方は、投資とプログラムの歴史を学んでいただければと思います。例えば、テクニカル分析指標は今は当たり前のように分足に使われていますが、もともとは日足ベースで考えられているものが多い、とか。そういった背景や名残が、機能や単語などに出ているわけですね。

ちょっとまとまりがなくなってしまいましたが、機能的な話より**発注をどのようにチャートの時間軸とセットに考えるかが重要**となります。本書では基本をお話させていただきますので、ディープなところまで触れることができないのですが、プログラムの本質は、**マーケットに存在している価格ならプログラムは動く**、これが本質です。この本質さえ理解していれば如何なるパターンの発注も可能です。

まとめます。

```
next bar at 価格 limit;
next bar at 価格 stop;
```

next と記述しますので、あれっ、遅れる？って思う方もいると思います。偉そうに書いていますが、私もそうでした。遅れて入るわけではありません。マーケットが指定した価格をつけた時に入ります。ただし、気を付けなくてはいけないのは、if then の間にある条件で発注のバーが異なることもありますので、十分にバックテストをするなど留意してくださいね。

○価格について

　「価格 limit」「価格 stop」の "価格" には、先ほどの例のように直接数値を記述することもできますし、エントリーした価格に加減算して指定することもできます。その際に使用するのが「entryprice」です。「entryprice」とは文字どおり、エントリーした価格が入ります。

　例えば 9 時 55 分の仲値が 109.50 円の場合、その仲値の価格でエントリーしたならば、entryprice には 109.50 円という値が入ります。

　エントリーした価格から 0.50 円上昇したところ、つまり 110.00 円でエグジットしたい場合、「next bar entryprice + 0.50 at limit ;」と記述します。もちろん、next bar 110.00 at limit ; でも next bar 109.50 + 0.5 at limit ; でも同じ記述内容になります。

　大丈夫ですか？　混乱していませんか？　少し練習しましょう。「買い建てのエントリー価格が 109.50 円の場合、109.00 円のポイントに逆指値発注」する。

【解答欄】

_____

【解答】

```
if marketposition = 1 then next bar at 109.00 stop;
if marketposition = 1 then next bar at 109.50 - 0.5 stop;
if marketposition = 1 then next bar at entryprice - 0.5 stop;
```

　いずれの記述も正解ですが、皆さんはどの記述がお好みですか。汎用性があるのは一番下に記述した entryprice を使用したものになりますので、ぜひ使いこなしてください。

　また、at はスキップワードですので、どこに記述しても（しなくても）問題ありません。

223

＊＊＊＊＊＊＊＊＊＊＊＊【恒例の昔話】＊＊＊＊＊＊＊＊＊＊＊＊

　私は幸せなことにたくさんの人に支えられて、いろいろなことを学ぶ機会を得ることができました。外国の有名人に教えていただく機会もいただけた幸せな環境だったにもかかわらず、頭があまりよろしくなく、すべてを理解できませんでした。ただ幸いなことに、のめり込んだら凌駕するまでやめないという性格が功を奏しました。

　寝る時にいつも一緒なPC。プログラミングがかろうじて分かるようになると、書いて書いて書きまくる。シミュレーション口座で、納得のいくまで、テストテストテスト。実際にやってみないと気がすまない。エクセルのマクロでの自動発注もマネックストレーダーも、トレードステーションも、世に出ているプラットフォームを実際にやってみてみないと気がすまない性格なのです。結局、公募のファンドには自前のプラットフォームをつくりました。

　話がそれました。私、気付いてしまいました。いままでのプログラムの知識をまとめてみたんです。あれっ、マルチチャートなら精度も高いし、2〜3週間もあれば、できたよなと。ある程度のシステム構築までできたよなと。しかも、たぶん本質が見えてくると（笑）、いまだ見えていないかもですが、結局こういうことって。

　その本質論が、プログラムがどういう時にしか動かないかということです。当たり前だろですよね。そうなんですよ。当たり前なんですが、今度はやってみないと気がすまないという性格が邪魔して時間をかけてしまったんだと思います。本質論が分かればもっと短期間で習得できていたと思います。

　本質論にいきましょう。

　投資のプログラミングを考える時、ワード（単語）を理解することも重要ですが、プログラムは記述できても思いどおりに動かないと意味がありません。プログラムの本質論は、チャートに表示している時間軸でプログラムは動くということです。

　忘れないでください。これを凌駕できれば、あーーー嫌ですが、もはや私の敵です。マーケットで会いましょう！

　もう一つ確認させてください。

　then 以降の「アクション、いつ、いくら」はまとめました。vars や inputs を学んだのはなぜでしょうか？　同じ種類の質問ですがもう一つの本質論は、呪文です。vars や inputs は、if 〜 then の間の売買条件のために使います。条件が複雑なほど、vars や inputs を理解する必要があります。逆に言えば、売買条件がシンプルなら vars や inputs もシンプルで簡単になります。ご自身のアイデアでシンプルなものからチャレンジするのも一つの実現する手段だと思います。つまり、本質論って何？と聞かれたなら、プログラムだけを考えてたらダメぇ！

　さてさて、皆さんの念頭においてくださいということを思い出してください。then 以降はまとめました。すべては呪文に集約されます。残るは？ということで、次にいきましょう。自動売買システムのプログラム構造を体系化していきます。

＊＊＊＊＊＊＊＊＊＊＊＊＊＊＊＊＊＊＊＊＊＊＊＊＊＊＊＊＊＊＊

　次のステップに進みます！

iii. 自動売買システムを記述する順番（基本構造）をおさえよう

呪文の then 以降をまとめましたので、ここからは一気に下図のように体系化していきます。

自動売買システム　プログラム基本構造

基本構造Ⅰ　設定

Vars, Inputs を宣言。取引開始時間、取引終了時間、ストップ額（率）などを設定。

基本構造Ⅱ　計算（テクニカル分析など）

テクニカル分析指標などによる計算、独自の計算ルールなどの設定。

基本構造Ⅲ　エントリー

Ⅰ、Ⅱで設定した条件により投資判断を行い、買い（ロング）や売り（ショート）の売買の発注を設定。

基本構造Ⅳ　エグジット

ロスカット、トレイリング・ストップ、利益確定などの設定。

　ここからが最終まとめになります。総括の開始です。よろしくお願いいたます。

　ここでの練習も銘柄は何でも OK なのですが、無難なのは 24 時間やっている FX です。そこでドル円以外のクロス円のチャートで 5 分足の設定でお試しください。

　それでは左の基本構造に沿って解説していきます。

　基本構造 I　　設　定

○時間の設定

Inputs: 名前 (パラメータ) を使用して時間の設定を行います。

　では、今回の事例の条件です。

　エントリーは、仲値決めの時間である<u>9 時 55 分</u>とします。エントリーの方向は<u>売り建て</u>。9 時 55 分になったら、毎日ではなく<u>木曜日</u>と<u>金曜日</u>に売り建てる。

　ロスカットや利益確定の条件に合致しない場合、<u>10 時 05 分に決済</u>することにします。ただし、<u>10 時 00 分</u>にエントリー価格から<u>3 pips 超の利益</u>が出ていたら早期に<u>エグジット</u>する。

　木曜日と金曜日の記述方法なんて習ってないぞ。プログラムが書けないじゃないか。問題が意地悪だ。ちゃんと教えろ！などの声が聞こえてきそうですが・・・、敢えてです。

　確かに、木曜日と金曜日を記述できなければ、問いに対する解を出すことはできません。もう一度言います。“敢えて”です。正解してほしいわけではありません。

　なんだと！　どういうことだ！

ここは西村先生を信じてください。**分からなくても形にしていく力を身につける**のも重要というのを体感してほしいのです。

　木曜日と金曜日の9時55分に限定するというプログラムは記述できなくても、「月〜金曜日の9時55分に売り建る」プログラムなら記述できますよね。まずは、月〜金曜日の9時55分のプログラムをイメージしましょう。

```
if time = 955 then sellshort this bar on close ;
```

　いかがですか。簡単すぎましたか？

　では、木曜日と金曜日の記述方法は不明でも記述場所は分かりますよね。そう！　if と then の間に記述します。

　あと少し足りないのは"ワードの知識"だけですね。お伝えしたいのは、**一番重要なことはワードの知識ではない**ということなんです。ワードの知識はあとから少しずつ増やしていけばいいんです。プログラムを形にできること。ゼロにしないこと。しっかり全体像をイメージできれば、分からないものが出てきても焦らないでいられるようになると思います。

　記述する場所も分からない、知識もない。あーもうプログラム嫌いってなります。私も知らない知識はあると思います。その場合でも全く臆することはありません。プログラムの知識なんて、その都度ネット検索すればいいんです。**重要なのは「思考」です。**分からないものを知識だけ、すなわち厳密には、ワードだけにすることを目指してください。

　それでは、木曜日と金曜日はあとでまとめた際に最後に追加で記述しましょう。お題に戻ります。お題は時間の設定です。

228

時間の設定	使用する場所	Inputs の役割
9 時 55 分 ※仲値の時間	基本構造III （エントリー）	自分自身で定義したい 変数を作成できる。 最適化が行える。
10 時 00 分 ※早期エグジット時間		
10 時 05 分 ※ロスカットや利益確定の 　条件に合致しない場合	基本構造IV （エグジット）	

Inputs に好きな名前をつけて宣言してください。

Vars は初期値が 0 が多いですが、inputs の場合は？を意識してチャレンジしてみてください。

```
inputs: entrytime(955);
inputs: earlytime(1000);
inputs: exittime(1005);
```

○変数の設定

Vars: 名前（初期値）; を使用して変数の設定を行います。

オリジナルの変数は売買条件を記述する際に登場するのが一般的ですが、今回の売買条件にはオリジナルの変数を使う必要がないため、「早期エグジット」「利益確定」「ロスカット」で、それぞれ考えてみましょう。

① 10 時 00 分にエントリー価格から 3 pips 超の利益が出ていたら早期にエグジットする。limit を使わずに記述してください。ヒントは「3 pips 超」です。この記述方法だと 5pips などの利益が出ます。
② 28pips の利益確定。これは理論値、28pips の利益を想定して記述してください。つまり？　limit で記述。

③ <u>15pips のロスカット</u>。これもいろいろな記述方法がありますが、<u>stop を利用して記述</u>してください。

変数の設定	使用する場所	Vars の役割
①エントリー価格から 3pips 超の利益確定 エントリー価格から 3pips を減算した値 （基本構造 II で計算した変わる値）に 名前をつけて設定	基本構造 III （エントリー）	自分自身で 定義したい変数を 作成できる。 最適化が行えない
②エントリー価格から 28pips の利益確定 エントリー価格から 28pips を減算した値 （基本構造 II で計算した変わる値）に 名前をつけて設定		
③エントリー価格から 15pips のロスカット エントリー価格から 15pips を加算した値 （基本構造 II で計算した変わる値）に 名前をつけて設定	基本構造 IV （エグジット）	

    vars: early_PP(0);

    vars: PP28(0);

    vars: LC15(0);

まずは vars: で名前をつけました。

基本構造 II　**計算（テクニカル分析など）**

○計算内容（ルールの確認）

①エントリー価格から <u>3pips を減算</u>した値を<u>早期エグジット</u>のポイントとする。

②エントリー価格から <u>28pips を減算</u>した値を<u>利益確定のポイント</u>とする。

③エントリー価格から <u>15pips を加算</u>した値を<u>ロスカット</u>のポイントとする。

計算内容	計算結果	基本構造Iの設定
エントリー価格から 3pips を減算した値		
エントリー価格から 28pips を減算した値	名前をつける	計算結果に付けた名前（値が変わる名前）をVars に伝える
エントリー価格から 15pips を加算した値		

　計算した内容を、基本構造Iの vars に名前を伝えることが重要でした。変数の名前を先に付けましたので、少し違和感を覚えた方もいるかもしれません。

　無理に体系化していくと流れが悪くなることがあります。私の頭の中は、基本構造IIで計算する値に名前をつけて、vars で宣言するという流れです。ご紹介している順番とは逆です。と言いますのも、これは練習問題で、あらかじめいくつ計算する項目が出てくるか分かっているからです。

　今回のケースは3つという問いでしたので、変数もあらかじめ3つ用意できたわけです。ですが仕事でプログラミングしていく場合は、変数に名前をつけるのがありきではなく、しっかり計算できるかが重要になります。つまり、計算ありきなんです。右辺で計算して左辺に名前をつける。左辺で付けた名前を vars で宣言して、初期値にゼロを入れるという流れになります。

　具体的には、1) entryprice - 0.03 という計算をする　2) early_PP という名前をつける　3) vars: に early_PP という名前を宣言する　4) vars:early_PP(0); 初期値にゼロを入れる、という流れとなります。

　では、計算内容の記述です。とその前に、投資の知識の確認です。

　皆さんがチャートで表示している通貨ペアは、ドル円でしょうか。それともクロス円でしょうか。はたまた、ドルストレートでしょうか。

　これはプログラムの話ではないのですが、ドル円、およびクロス円

の３pips は、100 分の１ ですから、0.03 となります。例えば、ドル円以外のドルストレートの３pips は？　10000 分の１ ですから、0.0003 となります。投資の知識の確認でした。

　以下はドル円、クロス円を前提としたプログラムになります。

```
early_PP = entryprice - 0.03;
PP28 = entryprice - 0.28;
LC15 = entryprice + 0.15;
```

基本構造Ⅲ　エントリー

○売り戦略

条　　件	アクション	いつ・いくら
エントリー時間は９時 55 分（基本構造Ⅰで設定）	売り	直ぐに発注
木曜日と金曜日のみ ※月曜日から金曜日までという毎日の記述でも OK		
何も保有していない状態		

　まずは、毎日の記述は以下のとおりです。こちらは完璧でしょうか。

```
if time = entrytime
and marketposition = 0
then sellshort this bar on close ;
```

　続いて木曜日と金曜日のみという条件に限定した記述は、以下のとおりです。

```
if time = entrytime
and (dayofweek(date) = 4 or dayofweek(date) = 5)
and marketposition = 0
then sellshort this bar on close ;
```

　or や ( ) を使ってプログラムをまとめたくないという記述方法もメリットがあります。あえて長く記述する方法を選んでもメリットがある場合は、以下のような記述方法も有効的です。

　木曜日と金曜日の条件をまとめず、別々に記述する方法です。

　メリットは、すべてのプログラムをまとめた後に出てきます。

```
if time = entrytime
and dayofweek(date) = 4
and marketposition = 0
then sellshort this bar on close ;
```

```
if time = entrytime
and dayofweek(date) = 5
and marketposition = 0
then sellshort this bar on close ;
```

　解説の前に、曜日の記述方法をまとめましょう。

Dayofweek(date)	意　味
＝1	月曜日
＝2	火曜日
＝3	水曜日
＝4	木曜日
＝5	金曜日

木曜日・・・dayofweek(date) = 4

金曜日・・・dayofweek(date) = 5

　となります。しつこいようですが、記述できなくてもどこに記述するか、すなわち、構造を理解できていることが大切です。ワードの知識は少しずつ増やしていきましょう。

　本題に戻ります。月曜日から金曜日まで、毎日エントリーするプログラミングは、簡単バージョンとあえて難しく記述するバージョンが考えられます。まずは簡単バージョンです。

・簡単バージョン

```
if time = entrytime
and marketposition = 0
then sellshort this bar on close;
```

　ifとthenとの間で条件を制限しない限り、毎日エントリーします。何も制限しなければ毎日エントリーする。なぜか、大げさですが理論的に説明できますか？

　皆さんが表示している5分足のチャートと連動して思考できていますでしょうか。簡単バージョンの記述内容の意味は、チャート上にある「すべての9時55分でアクションしてください」という記述です。つまり月曜日から金曜日までに9時55分は存在しますので、月～金曜日まで毎日エントリーすることができます。

・あえて難しく記述するバージョン

```
if time = entrytime
and (dayofweek(date) = 1 or dayofweek(date) = 2
or dayofweek(date) = 3 or dayofweek(date) = 4 or
dayofweek(date) = 5)
and marketposition = 0
then sellshort this bar on close;
```

　私なら、できればこういう記述方法は避けたいところです。理由を一つ上げるなら、ミスが出るからです。「理論は短いほど美しい」という言葉がありますが、プログラミングも短く書ければメモリも使わず、早く処理することができます。

　なお、ポジションを持っていないことも条件に加えましたので、お忘れなく。

　皆さん、実際にエディタの前でプログラミングしていますか？　本だけで頭でプログラミングを考えている方、悪いことではありません。むしろ素晴らしい練習方法だと思いますが、一点、アドバイスです。

　Marketposition って記述するのタイプミスしないって思っていませんか。mar ってタイピングしていただきますと、オートフィルターで上から3つ目にでてきますので、タイピングミスより長く記述しないことがミスを生じさせる原因を防げるかと。記述する必要がないものは記述しないことも押さえていただけますと幸いです。

＊＊＊＊＊＊＊＊＊＊＊【練習の仕方】＊＊＊＊＊＊＊＊＊＊＊
　本だけで考えることをお薦めしているかと聞かれれば、YES です。プログラムを頭の中でイメージして学習することはお薦めです。やり方は人それぞれだろと言われれば、それまでですが……。

　英単語を覚える時、私は目で見て読みながら書いて覚えるタイプで

した。ある日、天才に勉強方法を聞いたところ「書いて覚えない」との衝撃的発言。その言葉を聞いて絶対にうそだと疑っていることが伝わったのか、理屈（理論）も教えてくれました。覚えるという話以前に、時間の使い方の話からでした。

「最後には書くけど、物理的に書いている時間と体力がもったいない」と。

そんなん気にする？　時間の使い方で差が、つまり覚える英単語の数が変わるというんです。書くなら頭の中で好きなだけイメージして、書いて書きまくればよいと。それよりも目で見て、声を出して、耳でも覚えた方がよいと。「でも、手は覚えないぞ。職人じゃないんだから」

頭と目と耳と口を連動させて、最後は書いて確認すればよいと言う。最初は半信半疑でしたが、頭の中でイメージする大切さが少しずつ理解できると世界が広がり、いろいろなもので結果が出せるようになりました。あの時の気づきに感謝です。

最初の頃の私は、頭の中で考えたものを紙に書いて重要なところをまとめてからエディタに記述するというステップを踏んでいました。失敗談というか初期の初期は、ワードが分からないと書かないというゼロ思考。そのため、全然プログラミングができず、プログラムはだいたいは読めるけど、記述できないという状況に陥っていました。

読めれば自由に書けるようになるんだと思い、たくさんのプログラムに触れましたが、結局、本質をつかめていないため覚えたものしか書けないという事態。

これはまずい。才能ないな…と。

振り返ると学習の入口はかなり間違った方法をとっていました。分かるものと分からないものを切り分けることができなかったことが失敗の始まりだと、後になって気づいたのです。しかも気づく前に先の書いて書いて書きまくるゾーンに突入したこともあります。

大きな気づきを得た以降は、ゼロ思考はやめて、一つひとつ丁寧に

どこが本当に分からないのかを考えるようにしました。90％は確実に理解できている。あとの10％は本当にお手上げなのか。分からないのはワードの知識がないからなのか、経験が足りないのか。経験が足りなければ、知識があってもその知識を組み合わせられないのか。

　そういう見方をするだけで、私の場合は世界がいきなり変わり始めました。

　私、失敗しなくなりました。

　いままでの努力（？）や根性の時間がうそだったように、できるようになったんです。そこで改めて、やり方って本当に重要なんだと心底再び実感しました。ただ覚えるだけの作業はそれっきりやめました。

　必要な局面で、必要なワードの知識を増やしていこうと。

　基本がすべて。必要な局面で必要な知識を増やしていこうと。

　トレードでのプログラミングの基本は、投資の知識や考え方。それがあってこその、システムトレードのプログラムです。プログラミングしたスタッツを見て考えて、システム化し、売買を行っていくというあくまでトレードプログラムのお話としてお聞きください。

　そして本書は私の失敗談やこれまでの気づきがベースになっています。皆さんには非効率とも言えた私の経験を踏まえて、プログラムを身につけていただけたら、私の過去の時間も生産性のある時間になるので、うれしく思います。

＊＊＊＊＊＊＊＊＊＊＊＊＊＊＊＊＊＊＊＊＊＊＊＊＊＊＊＊＊＊

基本構造IV　エグジット

○早期エグジットの設定

条　件	アクション	いつ・いくら
売りの状態	売り決済	entryprice から基本構造IIで計算した値を this bar on close で発注

さてさて、ここは少し考えて記述してみてください。

10時00分の時点で3pips超の利益が出ていたら早期エグジットでした。ヒントは3pips超。limit を使わないということですから、消去法ではあと発注の種類は一つ、this bar on close しかありません。

皆さん、別に正解することが重要ではありませんよ。同じようなプログラミングができれば、まずは良いのです。頭の中をどう整理していくか。いつもの作戦です。記述できるところから手をつけていきましょう。

```
if time = earlytime
and marketposition = -1
then buytocover this bar on close;
```

「10時00分の売り状態の時にアクションを行う」については記述できるかと思います。問題は「3pips超の利益が出た場合」という条件ですが、これをどこに記述すればよいかはばっちりですよね？

YES！　if と then との間です。

さて、記述する場所は決まりました。次は記述内容です。問題文にlimit は使ってはいけないとありますが limit は理論値の指値価格で発注しますから、3pips とか、3.5pips とか具体的な数字を指定しなくて

はいけません。それに対して、3pips 超とは具体的な数字を指定しない発注方法だと言えます。具体的な計算式がイメージできない場合、どこに違いがあるのかをしっかり整理してまとめることです。

　3 pips 超になるためには、確定した値と比較する必要があります。

　出ました、いつものやつ。確定した値。ここで言う確定した値とは、10 時 00 分の終値とエントリー価格から 3 pips を減算した値と比較することで、3 pips 超となります。

```
if time = earlytime
and marketposition = -1
and early_PP > close
then buytocover this bar on close;
```

○利益確定の設定

条　件	アクション	いつ・いくら
売りの状態	売り決済	entryprice から基本構造 II で計算した値を limit で発注

　ここは問題ないでしょうか。売りの状態という条件を記述し、アクション。いついくらは limit 注文ですので、いつは next bar で決まり。いくらは既に計算した PP28 を入れて完成となります。

```
if marketposition = -1
then buytocover next bar at PP28 limit;
```

○早期エグジット、利益確定、ロスカットの条件に合致しない場合、その日の10時05分に決済

条　件	アクション	いつ・いくら
決済時間は10時05分 （基本構造Iで設定）	売り決済	直ぐに発注
売りの状態		entrypriceから基本構造IIで 計算した値をstopで発注

　ここも問題ないでしょうか。売りの状態という条件を記述し、アクション。stop注文ですので、いつはnext barで決まり。いくらは既に計算したLC15を入れて完成となります。

```
if marketposition = -1
then buytocover next bar at LC15 stop;
```

　最後になりました。早期エグジット、利益確定、ロスカットにかからない場合、10時05分にエグジットします。プログラミングの内容としては以下になります。

```
if time = exittime
and marketposition = -1
then buytocover this bar on close;
```

　いかがですか？　一つずつ分解していけば、それほど難しくはないのではないでしょうか。
　それでは、プログラム全体を確認しましょう。

・すべてのプログラム

```
1   inputs:entrytime(955);
2   inputs:earlytime(1000);
3   inputs:exittime(1005);
4
5   vars:early_PP(0);
6   vars:PP28(0);
7   vars:LC15(0);
8
9   early_PP = entryprice - 0.03;
10  PP28 = entryprice - 0.28;
11  LC15 = entryprice + 0.15;
12
13  if time = entrytime
14  and (dayofweek(date) = 4 or dayofweek(date) = 5)
15  and marketposition = 0
16  then sellshort this bar on close ;
17
18
19  if time = earlytime
20  and marketposition = -1
21  and early_PP > close
22  then buytocover this bar on close ;
23
24  if marketposition = -1
25  then buytocover next bar PP28 at limit ;
26
27  if marketposition = -1
28  then buytocover next bar LC15 at stop ;
29
30  if time = exittime
31  and marketposition = -1
32  then buytocover this bar on close ;
```

　練習も踏まえて、あえて inputs と vars を使ってプログラミングを
しました。が、使わなくても全く同じ振る舞いをするプログラムをご
紹介したあとに解説させてください。

・inputs、varsを使わないパターンのプログラム

```
 1  if time = 955
 2  and (dayofweek(date) = 4 or dayofweek(date) = 5)
 3  and marketposition = 0
 4  then sellshort this bar on close ;
 5
 6  if time = 1000
 7  and marketposition = -1
 8  and entryprice - 0.03 > close
 9  then buytocover this bar on close ;
10
11  if marketposition = -1
12  then buytocover next bar entryprice - 0.28 at limit ;
13
14  if marketposition = -1
15  then buytocover next bar entryprice + 0.15 at stop ;
16
17  if time = 1005
18  and marketposition = -1
19  then buytocover this bar on close ;
```

　先ほどは全く同じと言いましたが、全く同じというのは、最適化ができるかできないかという機能性を示したものではありません。取引をすることを前提とした場合は、同じ振る舞いという意味になります。

　なぜinputsを使うのか。最適化ができるからわざわざ長く記述しましたが、時間を最適化しない場合はまったく意味のない記述になります。むしろロスカットの最適値がいくつか知りたい場合は、15pipsをinputsで定義して最適化をすることが、ご紹介したプログラムよりは有効なプログラムでしょう。

おさらい	システムの構築の流れ

　投資家にとっては有効なプログラムが重要となりますが、まずは記述していく考え方をまとめていただきたいと思います。

【今回の条件】

　　・表示：5分足チャート

　　・エントリー：9時55分（仲値決めの時間）

　　・エントリーの方向：売り建て

　　・エントリー日：木曜日と金曜日のみ

　　・エグジット：10時05分（ロスカットや利益確定の条件に
　　　合致しない）

　　・早期エグジット：10時00分

　　・早期エグジット条件：エントリー価格から3pips超の利益が
　　　出ていた場合

【基本構造1】inputs や vars の設定

時間やエントリーやエグジットなどの変数を inputs や vars でまず定義しよう。

```
inputs:entrytime(955);
inputs:earlytime(1000);
inputs:exittime(1005);
vars:early_PP(0);
vars:PP28(0);
vars:LC15(0);
```

【基本構造Ⅱ】計算など値の設定

定義した変数に、決めた値を入れよう。

```
early_PP = entryprice - 0.03;
PP28 = entryprice - 0.28;
LC15 = entryprice + 0.15;
```

【基本構造Ⅲ】エントリー（買い建て、売り建て）

エントリー条件を作ろう。

```
if time = entrytime
and (dayofweek(date) = 4 or dayofweek(date) = 5)
and marketposition = 0
then sellshort this bar on close;
```

【基本構造Ⅳ】エグジット（買い建て決済、売り建て決済）

ポジションが建ったあとの出口（利確、ロスカット、決済）を書けばOKだな。

```
if time = earlytime
and marketposition = -1
and early_PP > close
then buytocover this bar on close;

if marketposition = -1
then buytocover next bar PP28 at limit;

if marketposition = -1
then buytocover next bar LC15 at stop;

if time = exittime
and marketposition = -1
then buytocover this bar on close;
```

　いかがですか？　先ほどもお伝えしましたが、もし分からない部分が出てきても、まずは記述できるところから考えていきましょう。ここまで読んでくださった皆さんならば、それができるようになっているはずです。分からないワードが明確になれば、あとはネットで検索するだけ。そして、自分が作った有効なプログラムをどんどんコピペして流用していけば、必然的に時間短縮でブラッシュアップできてい

きます。それがプログラムが難しい、嫌いとならないための最大のコツと言えるでしょう。

　プログラムが難しいと感じる方は、やり方が間違っているだけなんです。つまり、この場合、教えている人間が悪いと考えるのが一般的です。特に、投資とプログラムという両輪ですから、どちらにも精通しているという人はいてもその人たちはわざわざ教えてくれないため、正しいやり方をなかなか学ぶ機会がないというのも事実です。

　投資の知識がある方はぜひチャレンジしてほしいと思いますが、ちっさいこと言うと、ライバルもほしくありません。が、本書を手にとっていただいた方がライバルになるのは大歓迎です。

　チャートとの連係やプログラミングする思考が重要。あとはご自身に必要なワードの知識を少しずつ増やすしていくという流れを作ることができればどんどん世界は広がっていくはずです。

戦略に名前をつけよう！

アクションワードのあとに「(" 名前 ")」を記述することで、戦略に名前をつけることができます。戦略に名前をつけることで、**チャート上のエントリーポイントにその名前を表示**することができます。

> if（売買）条件 then アクション（"戦略名"）

・それぞれの戦略名を付けるメリット

木曜日と金曜日を別々に記述した場合には、それぞれの戦略に名前をつければ、チャート上ではパッと見ただけで、木曜日のエントリーか、金曜日のエントリーなのかを確認することができます。

また名前を別々にすることによって、木曜日と金曜日のパフォーマンス（成績）はどちらの方が良いか、なども管理できるというメリットがあります。検証をして検討するには便利な記述方法となります。

```
if time = entrytime
and dayofweek(date) = 4
and marketposition = 0
then sellshort("Thurs_short") this bar on close;

if time = entrytime
and dayofweek(date) = 5
and marketposition = 0
then sellshort("Fri_short") this bar on close;
```

・一つにまとめて戦略を付けるメリット

　一方、エントリーポイントがただ分かればよく、曜日を区別することも管理する必要もなかったりする場合は、木曜日と金曜日をまとめて以下のように短く記述する方法が、望ましいのかもしれません。

```
if time = entrytime
and (dayofweek(date) = 4 or dayofweek(date) = 5)
and marketposition = 0
then sellshort("short") this bar on close;
```

　トレード用のプログラムですね。さらっと、トレード用のプログラムと書きましたが、私は**トレード用のプログラムと検証用のプログラムを分けて記述**しています。それぞれにメリットがありますので、ぜひ将来的には使い分けてみてください。

　では実際に、戦略名を分けて記述したストラテジーをチャートに表示してみましょう。Thurs_short、Fri_short と表示されています。

・木曜日

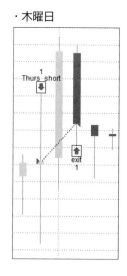

・金曜日

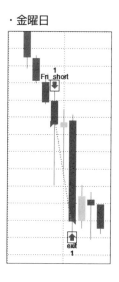

戦略を分けて記述するプログラムのおさらいです。

```
1   inputs:entrytime(955);
2   inputs:earlytime(1000);
3   inputs:exittime(1005);
4   vars:early_PP(0);
5   vars:PP28(0);
6   vars:LC15(0);
7
8   early_PP = entryprice - 0.03;
9   PP28 = entryprice - 0.28;
10  LC15 = entryprice + 0.15;
11
12  if time = entrytime
13  and dayofweek(date) = 4
14  and marketposition = 0
15  then sellshort("Thurs_short") this bar on close ;
16
17  if time = entrytime
18  and dayofweek(date) = 5
19  and marketposition = 0
20  then sellshort("Fri_short") this bar on close ;
21
22  if time = earlytime
23  and marketposition = -1
24  and early_PP > close
25  then buytocover("early_PP") this bar on close ;
26
27  if marketposition = -1
28  then buytocover("PP28") next bar PP28 at limit ;
29
30  if marketposition = -1
31  then buytocover("LC15") next bar LC15 at stop ;
32
33  if time = exittime
34  and marketposition = -1
35  then buytocover("exit") this bar on close ;
```

○曜日アノマリーの記述方法～応用編～

おまけです。物足りない方のみお読みください。曜日アノマリーの

やや応用記述方法です。ここまででお腹がいっぱいという方はとばしても問題ありません。

Dayofweek(date)	意味	Dayofweek(date)	意味
= 1	月曜日	<> 1	月曜日以外
= 2	火曜日	<> 2	火曜日以外
= 3	水曜日	<> 3	水曜日以外
= 4	木曜日	<> 4	木曜日以外
= 5	金曜日	<> 5	金曜日以外

　検証の結果、水曜日以外にトレードをしたほうがよいことが分かったとしましょう。そこで、水曜日以外にトレードするという条件を加えることとします。

・パターン1
月曜日、火曜日、木曜日、金曜日という条件を記述するパターン。別々に記述する場合は割愛します。
```
and (dayofweek(date) = 1 or dayofweek(date) = 2 or
dayofweek(date) = 4 or dayofweek(date) = 5)
```

・パターン2
水曜日以外という条件を記述するパターン。
```
and dayofweek(date) <> 3
```

　<> は、等しくない（ノットイコール）という意味の比較演算子です。意外と便利、ではなく非常に便利なので活用できるとプログラミングの幅がぐんと広がります。

コラム～システムを作る際に気を付けていること～

　度々登場、岩本祐介です。

　皆さん、かなりプログラムの知識が増えましたね！　ゼロスタート
だった方が、自分のオリジナルアイデアを形にしてシステムトレード
を楽しむようになった姿をイメージするだけで、うれしくなります。
　そこで今回の私からのアドバイスは「システムを作る際に気を付け
るべきこと」です。
　それはずばり、「パフォーマンスが良すぎるシステムには注意！」。

　プログラムが書けるようになって、自分自身でシステムを作り始め
ると、楽しくて仕方がなくなります。そして、パフォーマンスを良く
しようと、あれこれとやってみる。
　結果、凄いシステムができたりします。資産曲線は、ほぼドローダ
ウンなく右上り。プロフィットファクターは 4.0 とか。
　でもそれって、不可能ではないにしても、ほぼ無理なんですよね。
実トレードで、そういうパフォーマンスを出すのは。。。
　大抵の場合は、実トレードで同じ成果を出すことはできません。む
しろ、逆に負け続けるような結果になってしまうことも多いです。
　なので、矛盾するような言い方ですけど、パフォーマンスが良すぎ
る場合には注意すること。自分が不自然なシステムの作り方をしてい
ないか、ちゃんと基本を見直すこと。
　最終的に自分の大切なお金を投じて運用するシステムですから、自
分自身のやっていることを客観的に見るように努めてください。本書
のなかでも「過剰最適化」がありましたが、自分はそこまでしない！
と思っていても、どこかでしてしまうことも多いんです。
　見直すときのポイントはいろいろありますが、中でも大切なポイン

トを３つ挙げます。

①検証する期間の前後にシステムを作るときは、使っていないデータを残しておくこと。
②システムが完成後、実トレード前に実際の市場でフォワードテストを行うこと。
③検証に使う過去データは、上昇、下落、フラット期間が散らばったデータを使うこと。

　例えば強い上昇トレンドが出たときのデータのみでは、ロングの成績が良くなり、ショートの成績は良くならないのはご想像の通りです。検証のために使うのですから、かたよりのないデータを使うのが望ましいのです。

　私はほとんどテクニカル分析（インディケータ）を使ったシステムは作りませんが、稀に使うことはあります。例えば、ピボットとかVWAPとか。基本的にパラメータの無い、決まった計算式があるものを利用します。一目均衡表やMACD等もデフォルトのパラメータがありますが、パラメータはいじらない方が良いと思います。大半のトレーダーが見ているパラメータを使うことも重要ですね。
　さまざまなプログラムに触れて、自分なりのアイデアを形にすることができた際には、過剰最適化していないかも確認してみてください。
　また、自分にとって有効な戦略ができるとEA（Expert Advisor）化したくなりますよね。本書ではデモ口座でのプログラミングをテーマにしていますので自動発注の方法は説明していませんが、もしオリジナルEAに挑戦したいという方は、本書内で紹介しているパンローリングのマルチチャートサイトに設定方法を紹介していますので、そちらをご確認ください。ですが、いきなりの挑戦はオススメしません。
　必ず有効性を確かめてからチャレンジしてください。

第
6
章

ストラテジーを
試してみよう

ストラテジー（戦略）を試してみよう！

　投資関連の書籍やウェブサイトには、多種多様なストラテジーやインディケータの組み合わせが紹介されています。皆さんはそれらを試してみたいと思ったことはありませんか？　私はあります。というより昔は大好物でした。現在はと言いますと、言い訳ですが時間が……。

　少し話は逸れますが、皆さんも仕事でさまざまなデータを使っているのではないでしょうか。ビジネスにかかわらず、スポーツの世界——野球、サッカー、バレーボール、陸上競技などなどで、当たり前にデータ（各選手の特徴的なスタッツや相手チームの情報）が使われるようになりました。

　データ分析が当たり前となったというよりも、もはやデータを分析しないという選択肢はないだろうと感じている今日この頃です。

　投資やトレードにおいても同じです。そしてマルチチャートなら、ウェブサイトにあふれる数多くのデータや書籍で紹介されているデータを「どの市場なら通用するのか」また「自分の環境に合っているのか」をご自身で簡単に検証することができます。

　試しに書籍などでよく聞くアイデアを使って、それらを形にする練習をしてみましょう。練習と書きましたが、もうこれができれば合格！　いわゆる最終目標と言ってもよいでしょう。

　「へー。最終的にはこんなことができるようになるんだ」と思っていただけるだけで、私は嬉しいです。

　皆さんが、ご自身の手でさまざまなデータが自分にとって有効かを検証する日がくることを願っております。

　それでは、いきましょう！

ボリンジャーバンドとケルトナーバンド

　では、ボリンジャーバンドとケルトナーバンド（ケルトナーチャネル：KeltnerChannel）を利用した「ボラティリティ・ブレイクアウト」で考えてみましょう。

　ボリンジャーバンドは最もメジャーなテクニカル分析指標の一つですし、すでに本書でもご紹介しいるので問題ないかと思います。

　一方のケルトナーバンド（チャネル）を皆さんはご存じですか？

　ケルトナーバンドとは、移動平均線をはさんで２本の上下ライン（アベレージ・トゥルー・レンジ：ATR）を描いてバンドを表示させる、ボリンジャーバンドと同じ「トレンド系のインディケータ」です。

　ケルトナーバンドの計算式は下記の通りです。

　・上方バンド＝移動平均線＋ ATR ×倍数

　　※ ATR の何倍かを決める

　・真ん中＝移動平均線

　・下方バンド＝移動平均線－ ATR ×倍数

　先の章でも書きましたが、移動平均線は Average（価格、期間）という関数で表現することが可能です。また価格部分には、始値、高値、安値、終値などが入り、一般的には終値を使います。

　アベレージ・トゥルー・レンジ（ATR）は、初登場ですね。

　AvgTrueRange（期間）という関数で表現します。avgt までタイピングすると、エディタでは予測変換が出て記述することができますので安心してください。

　ケルトナーバンドを使っている著名なトレーダーとしては、『新マーケットの魔術師』（パンローリング）にも登場するリンダ・ブラッドフォード・ラシュキがいます。

リンダ氏のケルトナーバンドの使い方の特徴として、期間は「すべて同じパラメータ」を使っています。移動平均線は20期間の指数平滑移動平均、ATRの計算期間も同じ20期間を使っています。指数平滑移動平均線はEMA（Exponential Moving Average）などとも呼ばれ、使っている方も多いかと思います。

　なお、EMAのプログラムはXAverage（価格、期間）で表現できます。リンダ氏の倍数は2.5倍を使っています。

　ボリンジャーとケルトナーはどちらもトレンド系のインディケータで、同じようにバンドを表示するのにそこから何が分かるの？と思われる方もいますよね。この2つにおいては下記のような関係性が示唆されています。

・定義：ケルトナーバンド内にボリンジャーバンドが入るとスクイーズ（ボラティリティの低下）状態と判定し、その後、ブレイクアウトした方向に弾ける（ボラティリティの拡大）。

　皆さんご存じのとおり、ボリンジャーバンドの上下バンドは標準偏差を利用しています。標準偏差とATRの特徴はそれぞれの計算式から考えると分かるのですが、本書では計算式などの考え方は省略して結論のみを書きます。

　標準偏差の数値はATRと比較した場合、幅が振れやすくなるという特徴があります。そのため、ボラティリティの拡大時には、ボリンジャーの上下バンドはケルトナーの上下バンドの外側にあることが多く、逆にボラティリティの低下時には、ボリンジャーの上下バンドはケルトナーの上下バンドの内側にあることが多くなります。

　今回、ボリンジャーとケルトナーを利用したボラティリティ・ブレイクアウトは、この特徴を利用します。すなわち、**ボラティリティの低下からボラティリティの拡大を狙った典型的なブレイクアウト戦略**

のご紹介になります。

　では、二者の関係をイメージしていただくために、下図をご覧ください。見づらいですが、少し薄くて太い方がケルトナーバンド、細い方がボリンジャーバンドです。計算式ではご紹介しませんでしたが、視覚的にご理解いただけましたでしょうか。

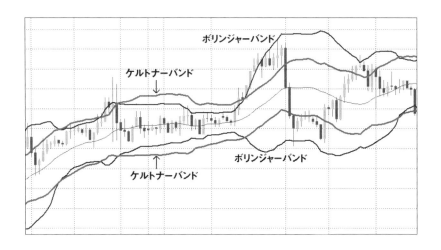

　それでは、この特徴を利用した戦術を見てみましょう。

ボリンジャーバンドとケルトナーバンドを使った戦略

　二つのバンド（BollingerBands と KeltnerChannel）をインディケータから挿入した上で、下記の条件でストラテジーを書いていきます。「ここまで」というところまで、いったんさらっと読んでみてください。

【買い建て条件】
・移動平均が１つ前に比べて今の数値の方が大きい

（＝アップトレンドと想定）

　　　かつ

・BBの上方バンドが、KCの上方バンドより下にあり

　　　かつ

・BBの下方バンドが、KCの下方バンドより上にある

　　　ときに

・終値がBBの上方バンドが上抜けした

⇒「買い建てる」

　　　さらに

・上抜けした価格が再度、移動平均線まで押してきたら

⇒「エグジット（逆指値で決済）する」

【売り建て条件】

・移動平均が1つ前に比べて今の数値のほうが小さい

　（＝ダウントレンドと想定）

　　　かつ

・BBの上方バンドがKCの上方バンドより下にあり

　　　かつ

・BBの下方バンドがKCの下方バンドより上にある

　　　ときに

・終値がBBの下方バンドが下抜けした

⇒「売り建てる」

　　　さらに

・下抜けした価格が再度、移動平均線まで戻ってきたら

⇒「エグジット（逆指値で決済）する」

【計算要素】

・単純移動平均：20期間

・ボリンジャーバンドの標準偏差：±2
・ATR：20期間
・ATRの倍率：1.5倍
・価格：すべて終値ベース

　「ここまで」、さらっと読んでみていかがでしょうか。これらはプログラミングする内容ですね。具体的な記述はこのあとに解説します。
　まずは投資の知識、すなわち戦略例のお話です。ここがイメージできないとプログラミングもより難しく感じてしまいますので、戦略例については気合いを入れて読んでください。

＊＊＊＊＊＊＊＊＊＊【投資の知識　戦略例】＊＊＊＊＊＊＊＊＊＊
　ボリンジャーバンドがケルトナーバンドの内側に入っているときに、価格がボリンジャーバンドの上下バンドをブレイクしてきたら、ボラティリティの拡大を想定し、エントリーします。そして、想定通りボラティリティが拡大すれば、ボリンジャーバンドはケルトナーバンドの外側に出てくるはずです（これが利益になる状態）。
　一方、想定通りにならず、移動平均線まで価格が戻ってきてしまえば、エグジットします。
　この場合、すぐに移動平均線まで戻ってきてしまえば損失になりますし、一度はボラティリティが拡大した後で、移動平均線まで戻った場合には利益の状態でエグジットできることになります。
＊＊＊＊＊＊＊＊＊＊＊＊＊＊＊＊＊＊＊＊＊＊＊＊＊＊＊＊＊

　皆さん、レディですか？　戦略はイメージできましたか？　できましたらプログラミングのお時間です。頭の中がまとまっている方はさっそく記述してみてください。まだちょっとまとまっていないという方は、私と一緒にまとめていきましょう。

アプローチからまとめるストラテジー

　買い建てからまとめていきます。

　ですが、その前に一言。最初は inputs を使わずに考えてみます。そのあとで最適化できるように inputs を使いましょう。

　いきなりですが、変数（vars）はいくつ必要でしょうか？　これが分かる方は、プログラムが記述できると思いますよ。途中で分からなくなってもかまいませんので、ぜひチャレンジしてみてください。ただしその場合は、分からなくなったポイントを明確にしておくこと。

　宣言する変数がいくつか自信がないという方は、戦略例は理解できていますか？　戦略例は理解できているけれど変数がいくつか分からない、という方は先の計算要素に戻ってみてください。

　答えは最低でも5つです。

　ここからは「計算要素からアプローチ」する方法と、「売買条件からアプローチ」する方法の2つをご紹介します。

○計算要素からのアプローチ

　計算要素から考えていく方法です。それぞれの要素を vars を使って定義していきます。変数名は解答例と同じにする必要はありませんので、好きな名前をつけてください。なおここでは、すべて終値ベースです。

　一つひとつ見ていきますので心配しないでください。

要素1－移動平均線　　単純移動平均：20期間

20回加算するパターンではなく、関数で記述します。

```
vars:movAvgVal(0);
movAvgVal = Average(close,20);
```

要素2－ボリンジャーバンド　上方バンド+2

上方バンドは 20 期間の標準偏差 +2 のボリンジャーバンドです。

```
vars:BBupBand(0);
BBupBand = BollingerBand(close,20,+2);
```

要素3－ボリンジャーバンド　下方バンド－2

下方バンドは 20 期間の標準偏差 -2 のボリンジャーバンドです。

```
vars:BBdnband(0);
BBdnBand = BollingerBand(close,20,-2);
```

　さてここまでは、すでに登場したワードや知識ですね。

　変数は全部で5つ。残り2つですが、分かりますか？　日本語でもよいので、あと2つの要素を考えてみてください。

　残りはケルトナーの上方バンドとケルトナーの下方バンドです。まずは、計算式と関数を再確認しましょう。

・上方バンド＝移動平均線＋ ATR ×倍数（ATR の何倍かを決める）
・下方バンド＝移動平均線－ ATR ×倍数
・AvgTrueRange（期間）
　では考えていきましょう。

要素4－ケルトナーバンド　上方バンド：移動平均線＋ ATR ×倍数

単純移動平均＋ 20 期間の ATR × 1.5 のバンドを使います。

```
vars:KLupBand(0);

KLupBand = movAvgVal + AvgTrueRange(20)*1.5;
```

要素5－ケルトナーバンド　下方バンド：移動平均線－ATR×倍数

単純移動平均－20期間のATR×1.5のバンドを使います。

```
vars:KLdnBand(0);

KLdnBand = movAvgVal - AvgTrueRange(20)*1.5;
```

○売買条件からのアプローチ

　ifとthenとの間の売買条件から考える方法です。最初に売買条件を日本語でまとめてから、計算要素を考えるという流れです。

　先に提示した売買条件を日本語と比較演算子で書いてみてください。

条件1　20期間移動平均は1つ前の20期間移動平均よりも大きい

20期間移動平均 > 1つ前の20期間移動平均

　⇒計算要素は1つ・・・要素1）単純移動平均

条件2　ボリンジャーの上方バンドはケルトナーの上方バンドよりも小さい

ボリンジャーの上方バンド < ケルトナーの上方バンド

　⇒計算要素は2つ・・・

　　要素2）ボリンジャーの上方バンド

　　要素3）ケルトナーの上方バンド

条件3　ボリンジャーの下方バンドはケルトナーの下方バンドよりも大きい

ボリンジャーの下方バンド > ケルトナーの下方バンド

　⇒計算要素は2つ・・・

　　要素4）ボリンジャーの下方バンド

　　要素5）ケルトナーの下方バンド

条件4　終値がボリンジャーの上方バンドを上方クロス

⇒新たな計算要素はなし（すでに計算要素として把握している）

　上記の売買条件1〜4のすべてを満たした場合に、買い建てとなります。条件を成立させる計算要素は先の記述と同じです。売買条件から計算要素を抜き出して、変数を把握する方法はお薦めです。

＊＊＊＊＊＊＊＊＊＊＊【2つのアプローチ】＊＊＊＊＊＊＊＊＊＊
なぜ2つのアプローチをご紹介したのか。

　リアルの検証においては、客観的な計算ができることが大前提となります。将来的に皆さんがプログラムを書けるようになって、トレーダー仲間からこういうロジック（売買条件）を書いてくれないかと相談されたとします。そんなときに最初に考えるべきことは、「しっかりと計算できる条件かどうか」です。

　今回のように結論が分かっている戦略の場合は計算ができるという前提で、売買条件からのアプローチが有効となります。ですが、計算できるか否か不明な場合は計算要素が成立するか否かがポイントだと考えて、計算要素からアプローチをとっていくのも重要だということを頭の片隅においていただけますと幸いです。

＊＊＊＊＊＊＊＊＊＊＊＊＊＊＊＊＊＊＊＊＊＊＊＊＊＊＊＊＊＊

　では、計算要素を使って売買条件1〜4のプログラムを考えてみましょう。

1）20期間移動平均 ＞ 1つ前の20期間移動平均　（かつ）

```
if movAvgVal > movAvgVal[1]
```

2）ボリンジャーの上方バンド < ケルトナーの上方バンド （かつ）

  and BBupBand < KLupBand

3）ボリンジャーの下方バンド > ケルトナーの下方バンド （かつ）

  and BBdnband > KLdnBand

4）終値がボリンジャーの上方バンドを上方クロス （したら）

  and close cross over BBupBand

アクション：買い建てる

  then buy("BBbuy") this bar on close;

となりますね。

BBupBand < KLupBand　かつ　BBdnband > KLdnBand

なので、ボリンジャーバンドがケルトナーバンドの内側に入っている状態ということが条件定義されました。

では、エグジットも忘れずに記述しましょう。移動平均まで戻るポイントに逆指値で注文するというプログラムを記述します。

  if marketposition = 1

  then sell next bar at movAvgVal stop;

もし買いの状態なら、価格が移動平均値まで押してきたら、エグジットです。

では、以上のポイントをご自身でしっかり整理して、プログラミングにチャレンジしてみてください。

【解答欄】

【解答例】

　まずは inputs を使っていないパターンからご紹介します。

```
 1  vars:movAvgVal(0);
 2  vars:BBupBand(0);
 3  vars:BBdnband(0);
 4  vars:KLupBand(0);
 5  vars:KLdnBand(0);
 6
 7  movAvgVal = Average(close,20);
 8
 9  BBupBand = Bollingerband(close,20,+2);
10  BBdnBand = Bollingerband(close,20,-2);
11
12  KLupBand = movAvgVal + AvgTrueRange(20)*1.5;
13  KLdnBand = movAvgVal -  AvgTrueRange(20)*1.5;
14
15  if movAvgVal > movAvgVal[1]
16  and BBupBand < KLupBand
17  and BBdnband > KLdnBand
18  and close cross over BBupBand
19  then buy("BBbuy") this bar on close;
20
21  if marketposition = 1
22  then sell next bar at movAvgVal stop;
```

【解答例】

　次に inputs を使った最適化できるパターンの記述です。

```
1   inputs:avgLength(20);
2   inputs:atrLength(20);
3   inputs:NumDevs(2);
4   inputs:NumATRs(1.5);
5
6   vars:movAvgVal(0);
7   vars:BBupBand(0);
8   vars:BBdnband(0);
9   vars:KLupBand(0);
10  vars:KLdnBand(0);
11
12  movAvgVal = Average(close,avgLength);
13
14  BBupBand = Bollingerband(close,avgLength,+NumDevs);
15  BBdnBand = Bollingerband(close,avgLength,-NumDevs);
16
17  KLupBand = movAvgVal + AvgTrueRange(atrLength)*NumATRs;
18  KLdnBand = movAvgVal -  AvgTrueRange(atrLength)*NumATRs;
19
20  if movAvgVal > movAvgVal[1]
21  and BBupBand < KLupBand
22  and BBdnband > KLdnBand
23  and close cross over BBupBand
24  then buy("BBbuy") this bar on close;
25
26  if marketposition = 1
27  then sell next bar at movAvgVal stop;
```

○まとめることの重要性

　次に行く前に一言。いままでの知識を忘れてください。

　初見でいま記述したプログラムを見たとします。分かりますか？
分かるわけないだろ！ですよね、すみません。初見でもきっと分かり
ますと答えた方、天才です。コツをつかむのが早すぎ。先生が教える
ことはもうありません。

　分からないと答えた方。先生が悪い、のかもしれませんが、知識が
あってもなかなか他人が書いたプログラムをさっと理解するのは難し
いことなんですよ。

　なので、ここまで何度もお伝えしてきた——しっかりまとめる、分
かるところと分からないところを切り分ける、ことを忘れないでくだ

266

さい。

　ゼロ思考はダメ！　ステップを踏んで理論的になんとしてもゴールにたどり着くことが重要です。最初は他人が付けた変数の名前だけで、えっ、どういうこと？って、思ってしまうかもしれません。私も最初はそうでした。しかし、「なんだ、変数は自分で好きな名前にすれば自分にとって分かりやすいじゃん」と思ってから、他人がつけた名前は無視して自分が把握しやすい名前に変更して全体像を理解することができるようになりました。これも有効な手段なんです。

　ウェブサイトにおちているデータや書籍で紹介されているデータを検証するということは、他人の書いたプログラムを理解する必要があります。知識があっても、読めない・書けないということを経験した私には、なぜできなかったのかが分かります。

　それはゼロ思考。できるかできないか、分かるか分からないか、で考えてしまったためです。思考も流れもまとめようともしない、日本語で書いてみようとも思わない。たったそれだけのこと。ただ知識を増やしてもダメということに気が付かず、瞑想する日々でした。

　ですがあるとき、ふと思ったのです。「プログラムって100％完璧な知識がないと書けないのか？」と。100％の知識を身につけるのにどれくらいの時間が必要なのかと。幸いにも私はここで諦めるという選択肢を選ばず、「100％の知識は必要ないだろう。読めない・書けないのは、知識の他に決定的に足りないものがあるからだ」と気がつきました。

　皆さんは、当たり前じゃないかと思うかもしれませんが、そういった気づきも大切なんだと今なら分かります。そこからやり方が間違ってたんだと思うようになりました。たとえプログラムの行数が10000行でも、結局見るところは決まっている。ようやく、知識の多さが最重要課題なのではない、と気がついたのです。

　ぱっと見て分からないのは当たり前。しっかりまとめていけばいい

んです。

　ただし、知識は重要でないと言っているのではありません。知識ももちろん必要です。なぜなら参考にしたデータやプログラムが間違っているケースもあるからです。

　書籍で紹介されているプログラムが著しく間違っているということに遭遇したことはほとんどありませんが、ウェブサイトにおちているデータ（プログラムを含む）は、無料・有料に限らず認識が間違っているものが散見しているという印象です。

　おっと、またまたそういう本当のことを言うと嫌われてしまいそうなので、そういう場合（急にお茶を濁しだしましたが…）には知識が必要となります。知識があれば、プログラムを見ずにトレードリストを見ただけで、何をやっているか分かるようになりますよ。

　できれば失敗はしない方がよいですよね。私は失敗したくありません。ですが残念ながら、私は確信しています。私の過去のやり方は、ほぼ間違っていたと……。

　本書を執筆している2021年8月現在、私のシステムトレード歴は約19年になります。19年前はシステムトレードに関する専門書籍は少なく、日本語の文献はほとんどありませんでした。

　おいっ！　言い訳か？

　はい、言い訳しています（笑）　最初はどう取り組めばよいのか分からないなか、興味と将来性を見込んで、若い自分は英語の文献を頼りに試行錯誤で取り組みました。が、ダメでした。

　ですが、国内外の天才的なプログラム能力を持つ人たちとの仕事の中で、気付かされ、多くを実践で学ぶことができました。ここで大きく軌道修正できたと思います。日本初のシステムトレードの公募のファンドができたことも勉強になりました。

　ということで少し長くなってしまいましたが、若かりしころの経験も交えつつ、皆さんには考えや流れなどをしっかりまとめていただき

たいというお話でした。

ストラテジーのプログラミング

　では本題に戻って、売り建てのプログラミングを考えていきましょう。買い建てのプログラムの思考を参考に、ご自身で考えをまとめてチャレンジしてみてください。

　問題を解くという観点からまとめた流れです。

> ステップ1：売買条件を、日本語と比較演算子で書き出す
> ▼
> ステップ2：計算要素を把握する
> ▼
> ステップ3：右辺で計算する
> ▼
> ステップ4：計算した値に左辺で名前をつけて、vars 宣言する
> ▼
> ステップ5：1で書き出した if 構文をプログラム言語で記述する
> ▼
> ステップ6：エグジットを記述する

【解答欄】　inputs を使った最適化できるパターンで考えてください。

【解答例】

```
 1  inputs:avgLength(20);
 2  inputs:atrLength(20);
 3  inputs:NumDevs(2);
 4  inputs:NumATRs(1.5);
 5
 6  vars:movAvgVal(0);
 7  vars:BBupBand(0);
 8  vars:BBdnband(0);
 9  vars:KLupBand(0);
10  vars:KLdnBand(0);
11
12  movAvgVal = Average(close,avgLength);
13
14  BBupBand = Bollingerband(close,avgLength,+NumDevs);
15  BBdnBand = Bollingerband(close,avgLength,-NumDevs);
16
17  KLupBand = movAvgVal + AvgTrueRange(atrLength)*NumATRs;
18  KLdnBand = movAvgVal -  AvgTrueRange(atrLength)*NumATRs;
19
20  if movAvgVal < movAvgVal[1]
21  and BBupBand < KLupBand
22  and BBdnband > KLdnBand
23  and close cross under BBdnBand
24  then sellshort("BBsell") this bar on close;
25
26  if marketposition = -1
27  then  buytocover next bar at movAvgVal stop;
```

　さて、これらのストラテジー（戦略）をチャートに表示してみましょう。

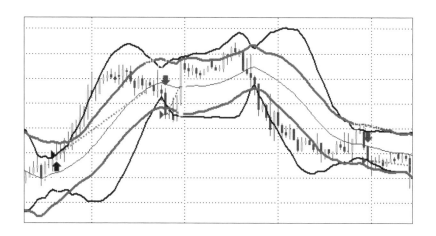

　チャート上にシグナルが出ています。ここではたまたまユーロ円を取り上げましたが、「どの市場なら通用するのか」また「自分の環境にあっているのか」を検証することも可能だとお伝えしたとおり、いろいろな市場の銘柄で検証していただければと思います。

　本書では、ストラテジー（戦略）の作成方法がメインテーマのため、紙面の都合上、最適化までの検証は行いませんが、inputs のプログラムもご紹介しましたので、いろいろな市場の銘柄、いろいろなタイムフレームで検証してみてください。

　さて、一目均衡表などの記述なども記述もできるようになり、書籍などで紹介されているストラテジーも書けるようになりました。皆さんのスキルは確実にアップしています。

　マルチチャートならまだまだいろいろなことができますので、どんどん試して、皆さんの環境にあったトレード戦略を見つけてくださいね。

コラム〜システムトレードとは〜

三度登場の岩本祐介です。

皆さん、最初に本書をめくった時に比べたら見違えるほどのプログラムの知識を手にしましたね！　これから知識も経験も増えていくことでしょう。そんなときに大切になるのが、自分のエッジを作ること。

前述しましたが私がシステムトレードを始めたころは、S＆P500の市場間分析に特化した売買ロジックばかりを作っていました。例えば、日経平均株価とドル円は相関が高いですよね。米ドルと金の関係は基本的には逆相関ですよね。その他にも色々な相関関係があります。みんなが気づいていないような関係が見つかることもあります。

それをシステム化できたら？？？

考えただけでも楽しい。色々な本を読んで、何かネタがないか、常に探したりしました。こう書くとやっぱり西村と志向というか気質は似ているのかもしれませんね。(苦笑)

最後に、よく「システムトレード＝自動売買」という理解をされたりしますが、そうではありません。マルチチャートは裁量トレードにだって利用できます。自分自身がやっている裁量売買手法は、本当に優位性があるのか、そんなことを検証できるようになるだけでも、マルチチャートの利用価値は大きいと断言できます。

何となく裁量で勝ってきたとしても、何かのタイミングで勝てなくなったりします。その時に、ちゃんと明確なルール化ができているのか、マルチチャートで検証しみてください。

本書を使って、マルチチャートの世界＝ルールベースド・トレーディングの世界へ！！

米国市場の傾向分析と
出来高分析

米国株式市場のバイアス（傾向）分析

TPO チャート

米国株式市場のバイアス（傾向）分析

　いきなり米国市場。皆さんはお気づきでしょうか。そうです、やはり流行りにのっていきましょう。日本人投資家の間でも米国株式市場人気の背景には、その堅調さから方向性が予想しやすい、日本のボラティリティが低下していて投資先としては不十分などなどの理由が挙げられます。

　そこで、せっかく身につけたプログラミング技術を利用して、人気の米国株式市場のバイアス検証を行ってみたいと思います。バイアスって、かっこつけすぎでしょうか。ここで言うバイアスは先入観という意味ではなく「傾向」という意味です。

　では早速米国市場のその日のマーケットに、ある程度のボラティリティがある場合、どういった傾向があるかを検証してみましょう。

　具体的に、下記2つの条件を前提にバイアス検証を行います。

【戦略①】
当日の始値（ニューヨーク時間の9時30分）が、前日の日中（ニューヨーク時間の前日9時30分から16時00分）高値を上回って開始した時で、ポジションをもっていない場合、9時31分の終値で売り建て（ショート）する。

【戦略②】
当日の始値（ニューヨーク時間の9時30分）が、前日の日中（ニューヨーク時間の前日9時30分から16時00分）安値を下回って開始した時で、ポジションをもっていない場合、9時31分の終値で買い建て（ロング）する。

　チャートは1分足を利用して検証を行います。具体的な銘柄はのちほど紹介します。

【エグジット】
戦略①、②ともに11時30分にエグジットする。

　さて、プログラミングのお時間です。
　まず、戦略①からプログラミングしてみてください。記述する前に頭の中をしっかり整理すること。if と then との間にはいくつ条件があるか？　then のあとは？

【解答欄】

　if と then との間にはいくつ条件がありましたか？　そう3つですね。
1）保有ポジションがない
2）エントリー時間は9時31分
3）前日の高値＜当日の始値
　それらを記述していきます。
1）Marketposition = 0
2）time = 931
3）HgihD(1) < OpenD(0)・・・この (0) は省略できません
　　　↓↓
・if と then 間に記述

・条件は and でつなぐ。

・アクション：売り建て、いつ・いくら：this bar on close;

【解答】

```
if marketposition = 0
and time = 931
and HighD(1) < OpenD(0)
then sellshort this bar on close;
```

　では同じように②をプログラミングしてみましょう。記述前には頭の中を整理して、条件の数、記述する場所、記述するワード、分からないワードは日本語などで書いてみて、まずは形にしてみてください。分からない単語を明確にすることも大切です。

【解答欄】

```



```

【解答】

```
if marketposition = 0
and time = 931
and LowD(1) > OpenD(0)
then buy this bar on close;
```

　①と違うのは、アクションと前提条件の「前日の安値 > 当日の始

値」だけですね。

このように、慣れるまでは頭の中を整理して、記述できない部分は
日本語などでもよいので書き出しておき、あとで調べてからワードを
当てはめていきましょう。

一つ分からないだけで記述できない・・と落ち込んだりせずに、
分からない箇所を明確にしながら、すでに習ったワードでできるのか、
それとも新たなワードを覚える必要があるのか、少しずつステップア
ップしていきましょう。

0か100で考えてしまうとプログラミングに対して、嫌い、できな
い、諦める、とネガティブな感情となってしまう人が多いんです。や
る気があって始めたことなのに挫折してしまうのはとても残念だと私
は歯痒く思っていました。皆さん、できないところを明確にすること
で、クリアー目標ができ、努力することができると思いますよ。

では続いて、「エグジット」条件を記述してみましょう。

【解答欄】

【解答】

戦略①のエグジット

```
if marketposition = -1　もしくは　marketposition <> 0
and time = 1130
then buytocover this bar on close;
```

戦略②のエグジット

```
if marketposition = 1  もしくは  marketposition <> 0
and time = 1130
then sell this bar on close;
```

　それでは、プログラミングした戦略をチャートに挿入してみます。少し見づらいですが、〇で囲んだ部分にシグナルが出ているのがおわかりでしょうか。

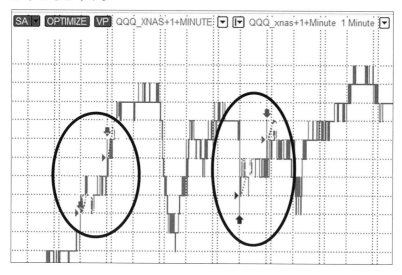

○ QQQの日中バイアス

　本書のテーマとは外れてしまうので解説は省きますが、参考までにこのバイアスの検証結果を見てみましょう。株式市場インデックスからは、ナスダック100指数を対象にしたETF（シンボル：QQQ）を例にして、検証を行いました。

　ナスダック100指数は、ナスダック取引所に上場している時価総額上位100社（金融銘柄を除く）を対象にした指数であり、この指数には、GAFAM（Google、Apple、Facebook、Amazon、Microsoft）が

含まれています。

　下記の図表はエグジットの時間を1分毎にずらした場合の累積損益になります。通常はこういった検証をしたのちに、プログラミングをします。ここではプログラミングの練習がテーマなので、先にプログラミングしていただきました。なぜ先んじて11時30分にエグジットのプログラムを記述していただいたかご理解いただけたかと思います。

　また下記の図表はロングしていますが、ロングでもショートでも傾向が把握できればよいので、どちらでも構いません。ちなみに、ショートした場合は、グラフが逆転するだけですね。

　とまぁ、検証本ではありませんが、せっかくですので少しプログラミングの前哨戦のお話をさせてください。

①当日の始値（9時30分）が、前日の日中（前日9時30分から16時00分）高値を上回って開始した場合に、9時31分にロングした日の平均損益推移は下図のようになりました。

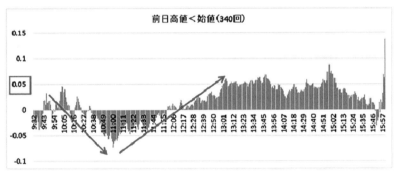

※期間は2017年1月から2021年7月21日まで（以下、同）。全取引日の合計は1145回。

　次に、②の結果です。

②当日の始値（9時30分）が、前日の日中（前日9時30分から16時00分）安値を下回って開始した場合に、9時31分（※）にロングした日の平均損益推移は下図のようになりました。

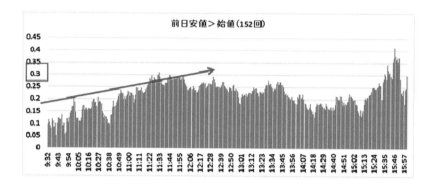

前日安値＞始値（152回）

さて、①と②のバイアス検証の結果から言えることを考えてみましょう。

①の始値が前日日中高値を上回って開始した場合には、**初動は下落（押し）からスタートする傾向**を見てとれます。

一方、②の始値が前日日中安値を下回って開始した場合には、**初動の上昇（買い：ロング）を狙うことができそう**だと分かります。こちらは、12時前後がエグジットの目処となりそうです。

ちなみに、②の条件で、QQQを9時31分にロング、11時30分（最適化結果）にエグジットした場合の参考パフォーマンスは以下のとおりです。

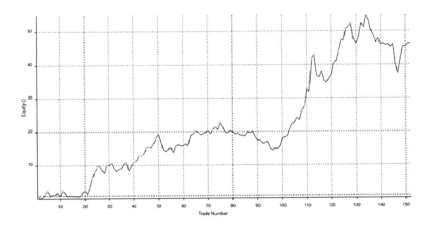

平均損益：0.3 ドル、勝率：約 59%、プロフィットファクター：1.61
※手数料、スリッページは含みません。

　検証を行った 2017 年以前から、米国株式市場はすでに長期上昇ト
レンドが出ていたという背景がありますから、トレード回数を見て
みると、②の回数（152 回）は①の回数（340 回）の半分以下ですね。
つまり条件に当てはまるのは、①の方が多く、検証を行う前からある
程度、回数（条件をいずれが満たすか否か）の違いについては、想像
がついたかと思います。

　こういった米株市場の上昇相場が続いている環境を前提に考えま
すと、①の検証結果がもう少し強い結果（つまりロング優位の結果）
になると想像していましたが、日本の株先市場（日経 225、TOPIX）
と同じように、初動は売られる展開になることが多いようです（理由
は利食いなどによるものと推定）。

　一方、②の結果は想像通りであり、押し目買いのチャンスと言える
かと思います。

　平均損益は①の場合のピークが約 0.05 ドル、一方、②の場合は約
0.3 ドル。やはり安く始まったところをロングする方が、優位性があ

ると言えそうです。

　それでは、個別銘柄の例も一つ見てみましょう。

○MSFTの日中バイアス

　次に個別銘柄の検証例としてマイクロソフト（シンボル：MSFT）を取り上げます。

①当日の始値（9時30分）が、前日の日中（前日9時30分から16時00分）高値を上回って開始した場合に、9時31分にロングした日の平均損益推移は下図のようになりました。

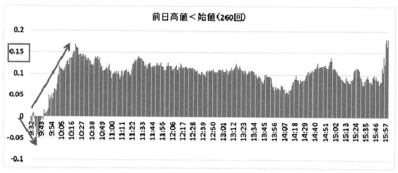

②当日の始値（9時30分）が、前日の日中（前日9時30分から16時00分）安値を下回って開始した場合に、9時31分（※）にロングした日の平均損益推移は下図のようになりました。

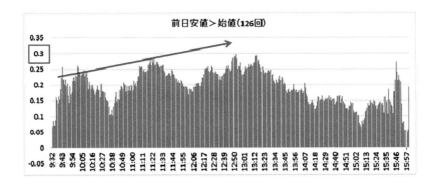

　①の結果はQQQほどではありませんが、やはり初動は押し（下落）
からスタート、その後は上昇方向。②の結果は、ほぼQQQと同じ結
果になりました。

　やはり、米株は強い上昇トレンドが出ているという背景から、①の
場合に、初動の下落は小さい傾向になっています。

　以上、少し検証を見ていただきました。インデックスの代表例とし
て、ナスダック100（QQQ）のETF、個別銘柄としてはマイクロソ
フト（MSFT）を取り上げましたが、チャートの銘柄を変更するだけ
で、他の銘柄の検証結果も見ることができますので、プログラミング
のブレイクタイムにぜひ試してみてください。

　少しだけお金の匂いがしたところで、みんな大好きプログラムに戻
ります。プログラムをまとめます。

```
 1  if marketposition = 0
 2  and time = 931
 3  and LowD(1) > OpenD(0)
 4  then buy this bar on close;
 5
 6  if marketposition = 0
 7  and time = 931
 8  and HighD(1) < OpenD(0)
 9  then sellshort this bar on close;
10
11  if marketposition = -1
12  and time = 1130
13  then buytocover this bar on close;
14
15  if marketposition = 1
16  and time = 1130
17  then sell this bar on close;
```

　いかがですか？　検証プログラムというと難しいというイメージが
あるかもしれませんが、このようなシンプルなプログラムだけでも傾
向（方向性）を知ることができるんですよ。

　皆さんのオリジナルのインディケータやシステムの完成もそう遠く
ないかと思います。完成したら、ぜひ検証してみてください。そうし
て少しずつ精度を向上させてください。

　皆さんが、どうか敵になりませんように……。

　さて、せっかくついでに、もう少しだけ検証のお話を。

　皆さんはマーケットを見ていますか？　リアルタイムでもあとから
でもよいですが、毎日見ていますか？　私は見ています。そして、メ
モしています。最近はスマホのメモ帳機能にしゃべっていますので、
傍から見たらやばい奴に見えるかもしれません。

　私がやばい奴かどうかはさておきまして、メモした内容をどうする
のか。私は、プログラミングして検証を行います。するとどうでしょ

う。実際にマーケットを見ているのに、バイアスがかかっていることが分かるんです。ここでのバイアスは「先入観」という意味です。

　例えば、「このＡというポイントでいつも上がるな」というメモをプログラミングして検証してみる。すると、実は下落しているという結果が出たりします。「えっ、どうして？　ウソをメモしているのか。それとも、プログラムミス？」。どちらでもありません。バイアスです。4時44分をよく見るよね現象です。

　本当はそんなに見ていないのに、印象に残っているだけっていう意味の例でしたが、逆に分かりづらくなったかもしれません。

　つまり、客観的にマーケットを見れていないということです。特にポジションを持っていると、どうしても気になって冷静に客観的に見られなくなってしまいます。

　そんなときの強い味方が、てっててー♪　・・・マルチチャート！

　過去にも同じようなことが起きていたか、それって偶然なのか必然か、自分の見方は統計学的にどうか、マーケットはなんて言ってるのか、など数字という世界だけで答えてくれる相棒。

　そう。皆さんもご一緒に、もう一度、MultiCharts！　しかも、どのプラットフォームと比較してもプログラムが超絶簡単。強い見方なんですよ。

　一緒に寝ていたのはたぶん5年くらいかと思いますが、今でも毎日、話かけています。数字でしか答えてくれませんが、とても正確に嫌な事実も良い結果も伝えてくれます。

　チャートの前でブツブツしゃべりながら音声メモをとり、検証しながらマルチチャートに話しかける。これ私の日常なんですが、やっぱりやばい奴かもしれません。ということでして、マーケットに入る前に少しでも敵を減らしたいところです。

　自分自身が敵になってはいけません。

　マーケットはゼロサムの戦いとよく聞きますが、それ以前に、戦う

準備はできていますか？　裸で戦いに挑まないでください。まずは、自分が敵にならないこと。

　こういうことを皆さんに言える立場ではありませんが、衝動的な買っちゃおう、から200万円を10分で損した人間の言葉です。なんとなくの衝動はダメ！　そうなんですよ、システムのテストをするためについ、夜中ひとりになったとき……。ついですよ、つい。シカゴの225先物で・・・・。それ以来、10年以上、裁量は一度もしていません。例が極端かもしれませんが、準備してから戦いに臨んでほしいというお話でした。

TPO チャート

　さて、もう一つ流行りにのっていきましょう。またまた少しプログラムから離れたブレイクタイムとも言えますが、マルチチャートに言及していこうと思います。そこでせっかくなら、まだ皆さんにあまり活用されていないながらもクオリティーの高いものをご紹介したいと思います。

　皆さんは「TPO チャート」をご存じでしょうか。または「マーケットプロファイル」という言葉をお聞きになったことはあるでしょうか。価格帯出来高分析において使われますが、日本ではフィンテック（FinTech）系のレポートを読んでいる方や日経 225 先物をやっている方、海外投資家の翻訳本を中心に読んでいる方には昔から馴染みがあるかもしれません。単語としては聞いたことがあるけれど、プロが使っているイメージを持たれている方も多いかもしれませんね。

　近年のメジャーなチャートソフトでは TPO チャートが実装されるようになりましたが、正直クオリティーが・・・。私が知る限り、マルチチャートの TPO チャートは現状では世界最高峰のクオリティーだと言えます。

　そこで詳しくご紹介する前に、TPO チャートってなんぞやっていうお話から。なぜ最初にチャート画像を見せてくれないのか、って？ドキッ！　初見の場合、「えっ、これのどこがチャートなの !?　こんなのチャートじゃない。意味がわからないし、使えない」となってしまうかなぁと思いまして、ステップ・バイ・ステップということで、まずは概略から。

　TPO は "Time Price Opportunity" の頭文字です。先に出てきた「マーケットプロファイル」と呼ばれたりもします。「今日 1 日のマーケットで、最も多く付けた価格帯を基準としている」チャートです。

例えば今日の A 株は 100 〜 150 円内で売買され、その中で**最も売り買いが成立した価格**が 110 円でした。この 110 円を「**POC（Point Of Control）**」と言います。その価格、つまりマーケット参加者が一番意識したポイントを基準とするため、マーケットプロファイルは人の心理を表すツールとして利用されています。

　なら、通常のチャートとは何か。

　ここでは比較として、多くの皆さんに馴染みのあるローソク足チャート、もしくはバーチャートを通常のチャートとします。その通常のチャートでは値動きが分かっても、POC となった 110 円を把握することができませんよね。一方、TPO チャートならばひと目で把握することができるんです。格好良く言えば、「価格帯別で出来高分析を行うために特化したチャート」となります。

　ちなみにこのマーケットプロファイルは、シカゴ先物市場のトレーダー、ピーター・スタイドルマイヤー氏によって考案された相場分析手法です。シカゴ先物市場で 1 日ごとの動きを分析することを目的として考案されました。なので日本でも日経 225 先物トレーダーは知っている方も多いと思います。

　では実際に TPO チャートを見てみましょう。チャートの表示方法は後ほどご説明しますので、ここでは TPO チャートの形をご覧ください。

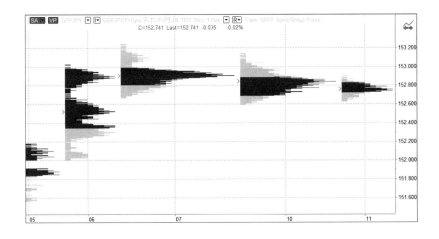

　いかがですか？　なんとなく、見たことがあるなーという方もいるのではないでしょうか。私のパートナー岩本祐介がパンローリングチャンネルやラジオで何回かお話をさせていただいたことがあるので、それを見てくださった方もいるかもしれません（まだご覧になっていない方はぜひ、パンローリングチャンネルからご視聴ください）。

　もし、マーケット分析に出来高を考慮している、とか1日に多く付けた価格帯を知りたい、とお考えの皆さんはぜひ本項も最後までお付き合いください。

○マーケットプロファイル形成の流れ

　このチャートを理解する上で重要なことは、「TPOチャートがどのように形成されていくか」を知っていただくことだと思いますので、まずはその中身を解説させてください。

①基本は 30 分足で表示

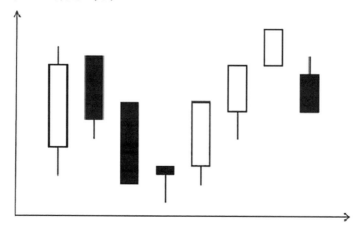

②高値と安値をつないだ（値動きの幅）間を四角形で自由に色分け

※本書ではモノクロのため、柄で分けます。見づらいかもしれません

がご容赦ください。

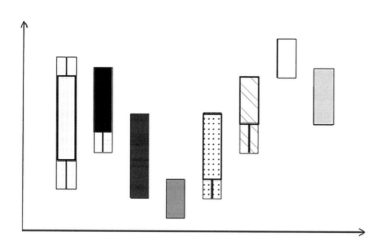

③色分けした四角のみを表示する

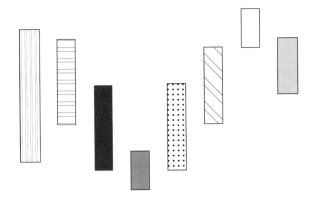

④四角を左に寄せていく

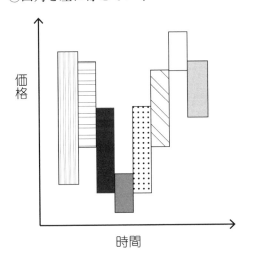

　それぞれの四角は値動きの幅を表していますが、このままでは隙間があり、どこの価格で一番積み上がっているかは分かりませんよね。そこで、さらに隙間なく左に詰めていきます。

⑤時間軸は無視して左に隙間なく詰めることができたら完成

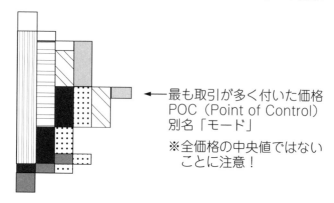

←最も取引が多く付いた価格
POC（Point of Control）
別名「モード」

※全価格の中央値ではない
ことに注意！

　はい、完成です。最初から TPO チャートを見るより、解説を聞い
てからならば意外と理解しやすかったのではないでしょうか。

　価格だけを確認するならローソク足チャート、トレンドを把握する
ためには移動平均、出来高分析をするなら TPO チャート。それぞれ
の良さを活用してマーケットの分析に役立ててほしいと思います。

　ところで、これどうやって使うのってお話もしないとダメですよね。
考案したピーター・スタイドルマイヤー氏に解説いただくのが確かな
のですが、残念ながら友達ではありませんので、なんとか西村で我慢
してください。

　POC を覚えていますか？　「A 株」110 円です。マーケットプロフ
ァイルではモード。POC もモードも同じだと思っていただいてよろ
しいかと思います。

　POC はその日の出来高が一番多かった価格、すなわち「多くの取
引参加者が注目（参加）した価格」と言われています。したがってこ
の **POC の価格が将来的に（支持線）やレジスタンス（抵抗線）とし
て機能しやすい**と言われています。

　また POC を中心とした 7 割のエリアを「**Value Area（バリューエ
リア）**」と呼びます。この価格帯も比較的出来高が多かった価格帯の

ため投資家が意識している価格帯と言え、同じくサポートやレジスタンスとして機能するケースを多く見ることができると言われています。**特に、バリューエリアの一番上、バリューエリアの一番下が重要**だと言われています。

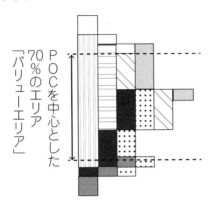

　正規分布で考えると分かりやすいかもしれません。POC が中心値、バリューエリアは中心から±1標準偏差の領域に相当します。±1標準偏差の領域は68.2％ですので、約7割ですね。本書の最初で何度も登場しているボリンジャーバンドで言うと、±1標準偏差（σ）内がバリューエリアだとイメージすれば、お分かりいただけるのではないでしょうか。

　ご紹介した内容はあくまで基本的なところですが、まだまだ深い分析の仕方がありますので、興味がわいた方はぜひ TPO チャートを実際に自分のチャートで表示してみてください。

　でもどうやって表示すればよいのか。そう、マルチチャートなら簡単に表示できますので、ご安心を

○TPOチャートの表示方法

　前置きが長くなりましたが、マルチチャートでの TPO チャートの表示方法の基本操作をご紹介させていただきます。

①チャートは適当な期間の 30 分足を表示

下図は、ドル円の 30 分足チャートです。

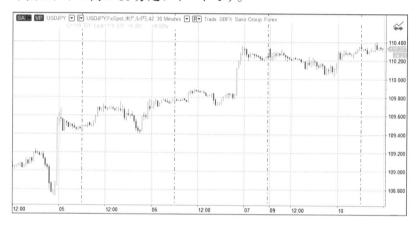

②「Format」タブから「Instrument」をクリック

③「Settings」タブの Chart Type を Regular から「TPO」に変更

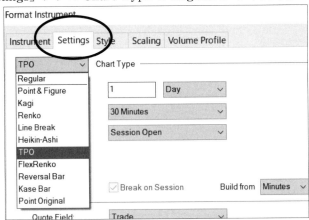

④「Style」タブを表示

本書では最も一般的な設定方法をご紹介します。

・Bars

・Value Area

・Point of Control

色などの設定欄が隠れている場合は、各項目の左側にある▷マークを
クリックすると設定が表示されます。

⑤下図の枠内のとおりにチェックマークを入れてください。

Instrument | Settings | **Style** | Scaling | Volume Profile

Display Method:
- ▷ ◯ Letters
- ▷ ◯ Blocks
- ◢ ◉ Bars
  - Appearance:
    - Row Width　　100 ⌃⌄ %
    - Bar Color　　[____] ⌄
    - ☐ Border Color [████] ⌄

☑ Force Price Increment　　1 ⌃⌄ ⓘ
☐ Show Blocks With Zero Trades
▷ ☐ TPO Counts
◢ ☑ Value Area
- Size　　70 ⌃⌄ %
- Highlight Value Area: ⓘ
  - ◉ by Color Filling
    - Use Color [████] ⌄
  - ◯ with Background
    - Use Color [____] ⌄
    - ▨ Left Brackets
    - ▨ Right Brackets
    - ▨ Lines
  - ▷ ☐ 2nd Value Area

▷ ☐ Initial Balance Range
▷ ☐ Volume Profile
▷ ☐ Open Range
▷ ☐ Open
▷ ☐ Close
◢ ☑ Point of Control
- ◯ As Painted Level
- ◉ As Marker
- Style [████] ⌄ | > ⌄
- ☑ Show Horizontal Line

▷ ☐ Midpoint
▷ ☐ Last Price Marker
☐ Use as Default

OK　　キャンセル

⑥設定上の留意点

色などの表示スタイルについて補足します。

▽●Bars 内————

☑Force Price Increment

右側の数値は tick（呼び値）の大きさを表します。1 にすれば TPO
チャートが 1 呼び値ずつの表示で一番細かくなり、数字を大きくすれ
ば TPO チャートの描画が粗くなります。文面だけでは分かりにくい
と思うので、ぜひ色々な数字にして、実際に体験してください。

▽☑Value Area 内————

バリューエリア（Value Area）は 70％で設定しています。そのエリ
アを濃い色、そこから外れる残り 30％は色を変えて描画されます。

▽☑Point of Control 内————

As Painted Level にするとそのポイントにラインが描画されます。
本書では色分けができないため、ポイントにマーカーとして「＞」を
表示するように設定します。

　設定ができましたら、最下部にある「OK」押すことを忘れずに。
OK ボタンをクリックすれば、TPO チャートに変身。

　ようこそ、価格帯分析の世界へ！

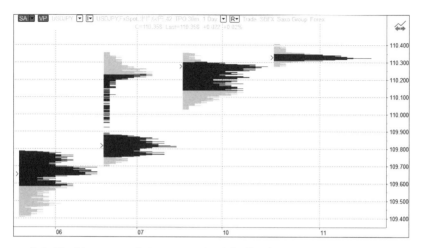

　少し見づらいのですが、POC を示す「＞」マークのポイントで一番チャートが積みあがっているのがお分かりでしょうか。

　例として、先ほど「1」で設定した「Force Price Increment」を「50」にしたものも記載しましょう。チャートがざっくりした描画になります。

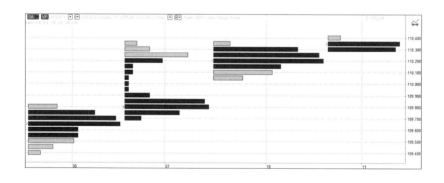

　以上、ご紹介した内容が一般的な TPO チャートの表示方法となります。チャートの表示方法や使い方は様々です。どのように検証するかは皆さんのマーケットの見方やどういうことをやりたいか、すなわち、自分のトレードに足りないものを補いたいなど、様々な観点によ

りますので、用途は無限（言い過ぎか）だと思います。

　これ以上の使い方は本書の目的から離れてしまうので、今後、皆さんが TPO チャートに興味を持っていただいたら、あらためて勉強し、ご自分なりのオリジナルの設定方法を見つけてください。

＊＊＊＊＊＊＊＊＊＊＊＊【無限の余談】＊＊＊＊＊＊＊＊＊＊＊＊
　ネイキッド（Naked）POC に関するお話。

　これは、すでに形成された POC のうち、その後、その価格に到達されていないものを言います。

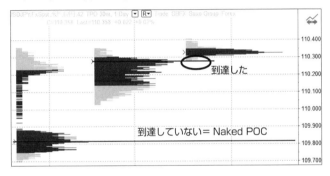

　マーケットの価格がすでに POC に一度でも触れたり、抜けたりしている場合は、その POC は今後、サポートにもレジスタンスにもならない可能性が高い、と考えられます。

　反対に、いまだ POC に一度でも触れていない（ネイキッド POC）場合は、今後サポートやレジスタンスになる可能性が高い。そのため、ネイキッド POC を意識して戦略を立てるために分析することもできます。

　無限は言いすぎたかもしれませんが、視覚的な検証がお好きな方には結構マッチするのではないかというチャートのお話でした。

　ぜひ、マルチチャートの様々な機能を試してその使い勝手の良さをご自身で実感してください。

あとがき

　いかがでしたでしょうか。

　本書で言うプログラムは、トレードや検証を行う自分自身のための
ものです。第一に投資を行うためのものであり、美しいプログラムを
書くことが目的ではないということは忘れないでください。

　皆さんの経験した投資の財産をプログラミングできるようになるた
めのステップとお考えください。

　投資のルール（投資手法）をいきなりマーケットで試すのではなく、
勉強で模擬試験があるように、仕事ではテストマーケティングがある
ように、実際にマーケットに資金をさらす前に、その投資手法が過去
にどうだったのかを検証してみてからでも遅くはありません。

　プログラムができるようになれば、ご自身の投資手法をシステム化
できるのはもちろんのこと、雑誌や書籍で紹介されている多種多様な
ロジックが検証できるようになります。セミナーで聞いたロジックを
自分の環境に合うか、本当にいまの地合いにあっているのかなどを検
証できるようになるのです。

　そしてよく言われている「○○が△△の先行指標になる」「○月は
〜〜のようなアノマリーがある」といった様々な情報も自分で判断で
きるようになるのもメリットの一つです。

　私が強くお伝えしたいのは、「皆さんが思っているほどシステム構
築は難しい世界ではないですよ」ということです。そして「コピペで
トレーディングシステムを作ろう！」これが本書の目指したところで
す。

　少しだけ脱線します。

　制限のある世界から卒業しませんか。挫折した人、私も挫折したひ
とりです。

　入口と出口。入口として無料は素晴らしい。その世界のイメージが

できます。しかし、出口としては、どうでしょうか。なにも制限のある世界で、戦う必要性を感じません。

　私が監修した『iCustomで変幻自在のメタトレーダー』をご購入くださいました皆さんには、この場をかりまして心から感謝申し上げます。ありがとうございました。

　本書のテーマは、フリーダム。自由です。これは、私が常にテーマにしていること。自由度。なので『iCustom～』においても、一定度の自由をご提案させていただきました。今回はさらに自由度をアップさせた内容となりました。

　ですが、ご安心ください。マルチチャートの回し者ではありません。マルチチャートが売れても、私には1円も入りませんので。

　話を一旦もとに戻します。

　トレーディングシステムを簡単に構築して、バックテスト（仮想の売買履歴）、最適化などを行うことができる世界に皆さんをお連れしたいのです。「コピペでトレーディングシステムを作ろう！」とは、マルチチャートに内蔵されているオフィシャルの安心安全のプログラムを使ってシステムを作ろうということです。

　下記のプログラムがスタートでしたが、ここまで読んでいただいた皆さんには楽勝ですよね？

```
inputs:BollingerPrice( Close ),
    TestPriceLBand( Close ),
    Length( 20 ),
    NumDevsDn( 2 ) ;

variables:var0( 0 ) ;

var0 = BollingerBand( BollingerPrice, Length, -NumDevsDn ) ;

condition1 = CurrentBar > 1 and TestPriceLBand crosses over var0 ;
if condition1 then  Buy ( "BBandLE" ) next bar at var0 stop ;
```

　では、同じ意味にちょっと書き換えてみますね。

```
inputs:BollingerPrice( Close );
inputs:TestPriceLBand( Close );
inputs:Length( 20 );
inputs:NumDevsDn( 2 ) ;

Vars:var0( 0 ) ;

var0 = BollingerBand( BollingerPrice, Length, -NumDevsDn ) ;

condition1 = CurrentBar > 1 and TestPriceLBand crosses over var0 ;
if condition1 then Buy ( "BBandLE" ) next bar at var0 stop ;
```

　ここで何をするのか、覚えていますか？　トレーディングシステムにするために、使うワードを選定します。どれを選定するか、覚えていますか？　1行というフレーズで解説しました。

```
BollingerBand( BollingerPrice, Length, -NumDevsDn ) ;
```

　（　）の中を今なら正確に読めますよね。関数のパラメータ（引数）は価格、期間、標準偏差でしたね。

　このように内蔵されているプログラムから関数を選定して、if～then構文などをコピペで作ることでシステムは完成します。理解してみれば、ものの数分で完成してしまいます。完成のプログラムももう一度確認しておきましょう。

```
inputs:BollingerPrice( Close );
inputs:Length( 20 );
inputs:NumDevsDn( 2 );

BollingerBand( BollingerPrice, Length, -NumDevsDn );

if close cross under BollingerBand( BollingerPrice, Length, -NumDevsDn )
and time >= 845 and time <= 1430 then sellshort this bar on close;

if time = 1500 then buytocover this bar on close;
```

　皆さんが思っていたより簡単だったのではないでしょうか。特にメ

タトレーダーを利用している方にとっては、非常に簡単な世界ではありませんか。

ですが目標はあくまで、トレーディングシステムを作ること。

そして、それができたうえで私が重要だと思うのは、自分自身で判断できるようになるということ。そうすれば知識という自分の財産が少しずつ増えていきます。知識は財産と言えませんか？

ですが、トレードの条件は and や or で増やせばよいということも知識です。そういった知識があるからこそ、さらに条件を and で絞って、精度を除々にあげていけるようになるのです。

そして、プログラムというと書くことと同様に読む知識も非常に重要です。ですが、ここまでの知識で、プログラムのどこを見れば売買ロジックが記述されているかわかりますよね？　もし、500 行あったとしても、大切な呪文を唱えれば大丈夫。

そうです。if と then との間を見れば、ロジックが分かります。

そして、そのロジックはたぶん vars を使って計算していると思いますから、if と then との間の変数を解明していくという手順でプログラムを解読していけるでしょう。上から順にすべてを理解しようとすると難しいと思いますので、分かるところから解明して、不明なところの知識を増やしていくことがコツかなと思います。

そして、ほんのもう少しの知識でできることが増え、システムをゼロから作れるようになります。

ですが、これだけは忘れないでください。ここまでの知識の方が重要で、応用の知識は基本の上にのみ成立しますので、ここまでの知識は絶対条件になります。

絶対条件。変数を理解できていますよね。close も変数でした。close はあらかじめ定義されている予約語でカレントバーの価格を監視する変数である。というふうに、しっかり変数を理解できれば十分すぎるほどの成果です。

投資のプログラムを教える人がいないのは、ライバルを作りたくないからだとはっきり言えます。これからもそうでしょう。

　最後に投資家の皆さんに質問です。究極の選択です。知識と経験、どちらが重要だと思いますか？　いずれか一つを選択してください。もちろん、人生の質問でも良いのですが、投資の世界ではどちらが重要だとお考えですか？

　　知識と経験は補完関係にあるのが理想論かもしれませんが、あえて選んでください。

　私は経験を選びます。やってみないと分からないからです。やってみなくても分かるという人は経験なんてと思うからかもしれません。私は一度もトレードをしていない人のアドバイスを現実的に聞けるかなと考えたときに難しいと判断するでしょう。せめて一度はトレードしてみてからにしてと。

　今回ご紹介した世界もぜひ皆さんに経験してもらいたいと切に願っております。1日でも早く体験していただくことが、皆さんの財産になると確信しています。非常に残念な話ですが、私の能力は高くはありません。しかし、仲間がいることで、自分の残念なところを埋めてくれます。その一つが、マルチチャートという仲間です。

　マルチチャートとは、もう15年以上の付き合いです。常に寝起きを共にしてきました。いまのようにスマホの時代がこんなに早くくるとは思っていませんでしたので、布団の中にPCを持ちこんで、毎日のように思考錯誤をしていました。誰も教えてくれないし、ネットに情報もおちてないし、書籍もない。ひらすらいじってさわってさわりまくりました。英語もできない、プログラムの知識もゼロ。英語のフォーラムはありましたが、専門用語ばかりで、どこから理解してよいのやら。なんか残念というより無謀、ただのアホみたいですが、とにかく昔の体育会系のようにひたすら、水も飲まずに走り続けました。

苦労話をしたいわけではありません。皆さんが習うならこれほどちょうど良い適任者はいないかもというお話でした。できない辛さを知っている人間は強いと信じています。

　そして、既にこのような世界をご存じの方はこの本を読んで少しでも幅を広げられたら幸いです。

　最後の最後に私から皆さんに一つだけお願いがあります。皆さんのライバルを増やすことになるかもしれませんが、この本を投資家のお友達に勧めていただけますと幸いです。ライバルは敵ではなく、自身の能力を持ちあげてくれるライバルになりますように。

　ほんの少しでも、本書の1行でも、皆様の投資の一助になれば幸いに存じます。

　2021年度現在、投資の経験は27年間。システムトレード歴は、約19年間。得意なマーケットは特になし。オールラウンダーと言えば聞こえはよいですが、ただただ投資が大好き。趣味はチャートを見ること。　そして困っている人がいるとついつい手を差し伸べてしまうようです（編集者の皆さん談）。

　自由にやりたいことができる世界を渇望している皆さん、お待ちしております。

　そろそろ終わってくれないか？って言われそうですので、純粋な日本人なのに日本語、特に漢字がすごく苦手な西村貴郁でした。

■著者
西村貴郁（にしむら・たかいく）
投資顧問会社 West Village Investment 株式会社 代表取締役社長。2006年4月にS&P500 E-mini向けシステムを自社開発し、米国の証券会社Strikerにシステムを登録、一任勘定による個人資産の運用をスタート。同年8月には世界的に有名な投資システム会社、米国 MESA SOFTWARE社と業務提携し、日経225先物向け「R-MESA3 Nikkei」を共同開発。同年11月には正規代理店としてトレードステーション2000iの販売を開始。米国トレードステーション証券公認資格イージーランゲージスペシャリスト。
『たすFX ～脱・受け売りのトレード戦略～』『iCustom（アイカスタム）で変幻自在のメタトレーダー～EAをコピペで作る方法～』の監修に携わるほか、『DVD メタトレーダーとiCustom（アイカスタム）はじめの一歩』『DVD 知識ゼロから始めるメタトレーダー4でプログラミングする30分デイトレシステム』『DVD NYゴールドの分析から検証・プログラミングまで』（いずれもパンローリング）など関連商品も多数。

■監修者
岩本祐介（いわもと・ゆうすけ）
市況に関係なくコンスタントに年利100%以上のパフォーマンスを上げるトレーダー。
日本証券アナリスト協会検定会員、国際公認投資アナリスト。 国内大手証券入社後、トレーディング部門を経て、2002年より米国S&P500先物市場でプライベート・トレーダーとしてシステムトレードを行う。
平成17年West Village Investment 株式会社に参加、独自のシステムで投資を行う会社としてスタート。米Mesa Software社（世界No.1の投資システム会社）と業務提携し、世界No.1システムR-MESA3を日経225先物向けに共同開発、『R-MESA3 Nikkei』としてリリース。EasyLanguageスペシャリスト保有者。
監修書に『トレードステーション入門』、『勝利の売買システム』、講演DVD『DVD 日経225先物 ナイトセッションの検証』（いずれもパンローリング）などがある。

■マルチチャート特設サイト（パンローリングHP内）

http://www.panrolling.com/seminar/multicharts/

・マルチチャートのトライアルダウンロード

・データフィードの設定

・外部データの取り込み

・メルマガ

・岩本祐介による解説動画

など多数掲載中

2021年10月3日　初版第1刷発行

現代の錬金術師シリーズ ⑯

マルチチャートでAI的トレードシステムを作ろう
── "超時短"インジをコピペでシステム化

著　者	西村貴郁
監修者	岩本祐介
発行者	後藤康徳
発行所	パンローリング株式会社
	〒160-0023　東京都新宿区西新宿7-9-18　6階
	TEL 03-5386-7391　FAX 03-5386-7393
	http://www.panrolling.com/
	E-mail　info@panrolling.com
装　丁	パンローリング装丁室
組　版	パンローリング制作室
印刷・製本	株式会社シナノ

ISBN978-4-7759-9181-7

ウィザードブックシリーズ 113

勝利の売買システム
トレードステーションから学ぶ
実践的売買プログラミング

定価 本体7,800円+税　ISBN:9784775970799

『究極のトレーディングガイド』の
著者たちが贈る究極の実践書

本書は、売買システムの開発ノウハウについて学べるだけでなく、TSのプログラミング言語であるイージーランゲージについての解説が施されており、まさに「一挙両得」の書である。

ウィザードブックシリーズ 290

アルゴトレードの
入門から実践へ
イージーランゲージによるプログラミングガイド

定価 本体2,800円+税　ISBN:9784775972595

高校数学（＝コードを書く）を
小学校の算数で説明

アルゴトレードとは、「トレードするためのルール」に従って一切の裁量を入れないでトレードすることだ。そのためのアイデアと41の仕掛けと11の手仕舞いルールのコード掲載。

ウィザードブックシリーズ 248

システムトレード
検証と実践
自動売買の再現性と許容リスク

定価 本体7,800円+税　ISBN:9784775972199

これが、本物のプロが行う本物の検証だ
アルゴリズムトレーダーのバイブル

次なる飛躍を目指す個人トレーダーにとって、本書は本物のプロの実践的アドバイスが詰まっただれにも教えたくない宝のようなものだろう！

ウィザードブックシリーズ312

システム検証
DIYプロジェクト
トレンドフォローシステムを毎日修正・更新する

定価 本体5,800円+税　ISBN:9784775972816

プログラミング初心者に贈る入門バイブル！

ジョージ・プルートがPythonで書いたTradingSimula18バックテスターを使って、これらのシステムを記述、プログラミング、検証する。セクター分析や銘柄やセクターのオン・オフなど、多岐にわたるトピックが満載である。

ウィザードブックシリーズ183

システムトレード
基本と原則
トレーディングで勝者と敗者を分けるもの

定価 本体4,800円+税　ISBN:9784775971505

大成功しているトレーダーには「ある共通項」があった!!　あなたは勝者になるか敗者になるか？

本書は勝者と敗者を分かつトレーディング原則を明確に述べる。トレーディングは異なるマーケット、異なる時間枠、異なるテクニックに基づく異なる銘柄で行われることがある。

ウィザードブックシリーズ248

アルゴリズム
トレーディング入門
自動売買のための検証・最適化・評価

定価 本体7,800円+税　ISBN:9784775971345

トレーディング戦略を
正しく検証・最適化するには……

リアルタイムパフォーマンスの評価だけでなく、間違った最適化によって発生し、間違った結論を生み出す元凶とも言えるオーバーフィッティングの見分け方とその防ぎ方も解説。